Zweiter Erlebnisbericht
vom
Unternehmen Wintergewitter
der
4. Panzerarmee Hoth

-

Entsatzoffensive Winter 1942 vor Stalingrad

von
Walter Mönch

Erste Auflage Juni 2017
Copyright © 2017 Walter Mönch

ISBN : 9781521503829

"Kein Schlachtplan überlebt die erste Feindberührung!"
-
Helmuth Karl Bernhard von Moltke

* 26.10.1800 - † 24.04.1891
preußischer Generalfeldmarschall

Dieses Buch ist den gefallenen Soldaten des Zweiten Weltkrieges gewidmet und Mahnung für die Lebenden den Frieden zu erhalten.

Dass das Leid, welches der Zweite Weltkrieg über Deutschland und die Welt brachte, soll nicht in Vergessenheit geraten.

Nur wenn die Toten nicht vergessen werden und der Krieg mit all seinen Grausamkeiten im Gedächtnis der Menschen bleibt, können zukünftige Konflikte vielleicht vermieden werden.

Dieses Buch soll zum Nachdenken anregen und nichts verherrlichen oder verharmlosen. Das Buch basiert auf wahren Begebenheiten, Alle Namen, falls es sich nicht um Persönlichkeiten der Zeitgeschichte handelt, sind verändert oder frei gestaltet.

Herman Hoth (*12.04. 1885 † 25. 01. 1971)

Generaloberst der Wehrmacht
Oberbefehlshaber 4. Panzerarmee

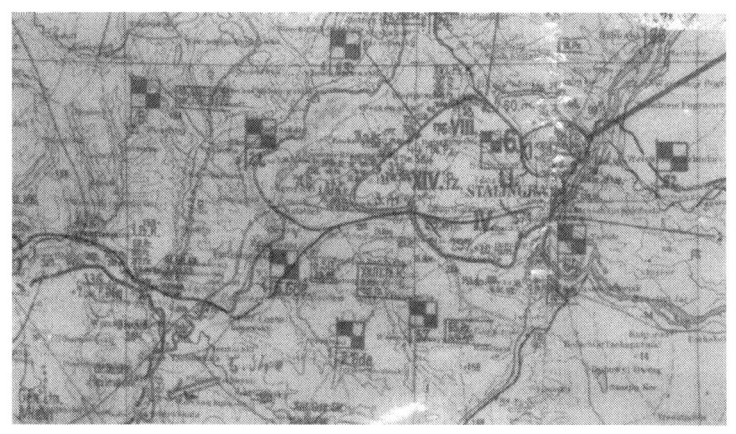

Ausschnitt aus der Lagekarte des Generalstabs des Heeres („Lage Ost") vom 25.12.1942 - Abendlage

Deutsche Einheiten kämpfen sich vergeblich in Richtung Stalingrad vor.

Vorwort

Die Tragödie um die 6. Armee des Generalobersten Paulus hätte möglicherweise nicht jene apokalyptischen Ausmaße erreicht oder nie stattgefunden, wäre der im Dezember 1942 durchgeführte Entsatzvorstoß unter Generaloberst Hoth mit dem Ausbruch der Eingeschlossenen beendet worden. 48 Kilometer standen Hoths Panzer damals bereits vor Stalingrad und warteten vergeblich auf die Männer der 6. Armee, weil ein kategorischer Haltebefehl Hitlers alle diesbezüglichen Absichten verhindert hatte. Die Worte Hitlers: »Ich gehe nicht von der Wolga fort«, hatten den unter ungeheuren Strapazen durchgeführten Marsch durch die Don-Steppe sinnlos werden und das vom Schicksal über die 6. Armee bereits verhängte Todesurteil zur Tatsache werden lassen. Wie die Soldaten der Entsatzgruppe Hoth für ihre Kameraden im Kessel kämpften und starben, hat Walter Mönch auf den folgenden Seiten geschildert.

Erlebnisbericht

»Miese Gegend, das da«, stellte der Obergefreite Hirsch* stirnrunzelnd fest und sah gelangweilt durch den aufgezogenen Spalt der Waggontür hinaus in die trübe Landschaft. Er kuschelte sich tiefer in die umgehängte Decke, denn der Fahrtwind kroch kalt an seinen Beinen hoch. »Kein Baum, kein Strauch, kein Haus, nichts. Gar nichts.« »Russland!« winkte Unteroffizier Wahrmut, der Gruppenführer, ab. Er stand hinter Hirsch und reckte seinen Kopf über dessen Schulter, um einen Blick hinauswerfen zu können. Das Gesicht des Unteroffiziers, von der Sonne Frankreichs gebräunt, hob sich seltsam scharf von der weißen Jacke des Wintertarnanzuges von Hirsch ab.

»Russland!« wiederholte Wahrmut, »kenne das. War von Anfang an dabei. Der Staub, die Hitze im Sommer, bodenloser Dreck im Frühjahr und Herbst... und der Winter: schneidende Kälte, Schnee, Sturm ... so war das einundvierzig. Und der Russe: In rauen Mengen griff er an, Mongolen und Sibirier. Die Kerle schienen aus Stahl, lagen stundenlang im Schnee bei fünfzig unter Null, und dann kamen sie an ...« Wahrmut spuckte hinaus, und sein Tun drückte Verdrossenheit aus. Schnuppernd hielt er die Nase gegen den Wind und sog die Luft tief und hörbar ein, während seine grauen Augen unter den blonden Brauen kritisch die Weite musterten. »Ihr werdet's sehen.« »Alte Unke!« rief Feldwebel Schaffer zwischen zwei keuchenden Atemzügen zu Wahrmut hin. Der Feldwebel lag auf dem Bauch vor dem Blechofen und pustete kräftig in die Glut, die er durch ständiges Auflegen von Papier und Holzspänen zu einem wärmenden Feuer entfachen wollte, was ihm aber nicht gelang. »Einundvierzig, da haben wir Fehler gemacht«, knurrte der Feldwebel, »verdammt, das Holz ist nass ... und jetzt haben wir bessere Waffen ... Papier her, verdammt noch mal. Mensch, stell deine Quadratlatschen woanders hin. – In der Bretagne, ja da hättet ihr's noch lange ausgehalten, habt am Strand gelegen, ein Mädchen im Arm gehalten und die Füße in den Atlantik ... Teufel, gleich werf ich die Blechbüchse hinaus!« Das Gesicht von Schaffer war hochrot vom Blasen, Reden und vom Ärger mit dem Ofen. Ein letztes Mal pustete er hinein, die Funken stoben umher, und er bekam Asche in die Augen. Er rieb sie und richtete sich fluchend auf.

Der Gefreite Meßbauer lachte laut. »Lass das, ja?« sagte der Feldwebel gereizt. »Ich gebe dir den dienstlichen Befehl: Mach die Büchse hier warm!« Meßbauer stand ohnedies schon lange mit Papier und Holz bereit, um das Feuer in Gang zu bringen, nachdem er die vergeblichen Anstrengungen seines Zugführers eine Zeitlang grinsend verfolgt hatte. »Jawohl, Herr Feldwebel! Büchse warm machen!« sagte er zackig und feixte. Der Zugführer sah den Gefreiten abschätzend ah, wollte etwas sagen, überlegte es sich aber und wandte sich dann seiner Ecke zu, wo er sich ächzend auf das Deckenbündel fallen ließ. »... unfeine Manieren, über seinen Vorgesetzten zu lachen, wenn diesem ein Missgeschick widerfährt«, sagte er in so leisem Ton, dass sich die Köpfe der Männer ihm zuwandten, weil sie solch eine Stimme bei ihrem sonst poltrigen, raubautzigen Zugführer gar nicht für möglich hielten. Und Wahrmut erkundigte sich denn auch sofort: »Du hast doch wohl kein Fieber? Soll ich dir einen feuchten Wickel machen?« Der Feldwebel tat, als höre er es nicht, legte sich lang auf den Rücken und steckte sich eine Zigarette an. Eine zweite warf er mit dem Ruf: »Meßbauer!« diesem zu, als dieser zu ihm herabsah. »Danke!« sagte der Gefreite, dann rumorte er am Ofen, blies, klopfte an das Blech, legte auf und lange Flammen züngelten aus der Öffnung. Oben, auf dem Dach des Waggons, riss der Wind den weißgrauen Rauch mit sich fort, der als dicker Schlauch aus dem schwarzen Rohrstutzen kroch.

Draußen zog die endlose Weite vorbei. Das gleichmäßige Rattern des Zuges unterstrich noch die Eintönigkeit, die mit einer ewig gleichen weißen, dünnen Schneedecke über den weiten Feldern lag und mit den niedrig hängenden, geschlossenen Wolkenfeldern in der Ferne eins wurde. Der Wind zog an diesem Spätherbsttag feuchte, diesige Nebelschleier. Es war die Kalmückensteppe, durch die sie fuhren. Im Frühling, so hieß es, sei sie ein Blumenmeer in schillernden Farben, voll von Düften und dem Gesumm der Insekten, jetzt aber war die Steppe ein weißes Tuch mit den braunen Tupfen welker Grasbüschel. Manchmal schnitten tiefe - oft bis zu zehn Kilometer lange Schluchten durch das Land, Balkas genannt, in denen sommertags Bäche durch den Grund plätscherten, wo sich jetzt aber das

Schneewasser staute, das die Sonne am Tag von den Hängen taute, das nachts jedoch wieder gefror und die Schrägen mit einer Eisglasur überzog. Selten nur zeigte sich ein Strauch. Bäume gab es nur in der Don-Niederung. Der Obergefreite Hirsch sah unentwegt hinaus. Es war immer das gleiche, was er sah, und wenn sich ein Strauch in sein Blickfeld drängte, dann richtete er seine Augen so lange dorthin, bis ihm das Wasser tränend in den Augen stand, und er wandte den Kopf wieder nach Osten und suchte.

Welch´ ein armes Land, dachte er, welch großes, unheimliches Land. Und er dachte an zu Hause, an den Hof des Vaters in der Magdeburger Börde, an die wogenden Felder, die schmucken Häuser, und er dachte an die Zeit in Frankreich, die malerische Landschaft der Küste, und er verglich das alles mit dem brettebenen, öden Land, den niederen Lehmhütten, die manchmal vorbeiflogen. Der Obergefreite hatte kein gutes Gefühl. Dann hörte er Abschüsse. Alle im Zuge hatten sie gehört, bis auf die, welche gerade schliefen. Aber die anderen weckten sie: Aufstehen! Es schießt! Jeder horchte. Die Männer sahen sich an, und die Neuen, die als Ersatz in Frankreich zur Division gekommen waren, suchten ihre Aufregung zu verbergen. Viele drängelten sich an den Türen und sahen hinaus. Gerade schlugen Granaten irgendwo voraus in den Boden. Aber das Stampfen der Räder übertönte alles. »Da!« rief jemand, und ein Arm streckte sich nach Osten hinüber, wo hinter der Nebelwand rotglühende Feuertupfen sekundenlang aufbrachen und erloschen. Dann rauschte es wieder heran, wurde lauter, schlug um in ein Jaulen und Heulen. Der Knall der Abschüsse röhrte dazwischen. Unweit vom Zug bäumte sich die Erde unter den Einschlägen auf. In der Schneedecke sprangen schwarze, gezackte Krater auf. Erdbrocken wurden weit in der Umgebung als dunkle Flecken verstreut. Jenseits aus dem Grau kamen bereits brüllend die nächsten Lagen der russischen Artillerie. »Kotelnikowo! Dort ist die Stadt; hier vorn, das dürfte der Bahnhof sein«, sagte Oberleutnant Jung, der Führer der 2. Kompanie des Panzergrenadierregiments 114. Er wies mit der Hand hinüber.

Jung und sein Zugführer, Leutnant Weiß, waren aus dem Zug gesprungen, kurz nachdem dieser auf offener Strecke stehengeblieben war. Aus mehreren Waggons kamen jetzt Soldaten herab, ließen sich mit vorgestreckten Armen federnd in die schräge, von braunen Grasbüscheln überwucherte Mulde hinabgleiten, die sich neben dem überhöhten Bahnkörper hinzog. Sie liefen ein Stück vom Transportzug fort, um bessere Sicht zu haben, denn der ausströmende Dampf der Lokomotive hüllte die meisten Waggons dicht ein. »Zurück! Niemand verlässt den Zug!« rief eine schneidende Stimme plötzlich. »Alle Kompaniechefs sofort zu mir. Gefechtsbereitschaft!« Es war Major Hauschildt, Kommandeur des I. Bataillons. Er stand oben an der Tür seines Waggons, griff nach hinten, wo ihm der Adjutant, Leutnant Timmer, das Doppelglas reichte. Der Major drehte am Okular, bis die Konturen der Häuser von Kotelnikowo schärfer wurden. Dann nahm er das Glas langsam von rechts nach links herüber, beobachtete, während sich unten am Wagen die herbeibefohlenen Offiziere versammelten. Die Soldaten kehrten zu ihren Wagen zurück. Drinnen herrschte die prickelnde Spannung von dicht bevorstehenden, ungewissen Ereignissen und die Unrast des plötzlichen Aufbruches. Packen und Bündel wurden von den Männern zusammengerafft, geschnürt und angehäuft, Waffen bereitgelegt, Munition und Gerät standen in wenigen Minuten griffgerecht. Zwei Bahnbedienstete rannten am Zug entlang, rutschten oft auf dem glitschigen Gras aus, fingen sich wieder und liefen weiter zum Wagen des Kommandeurs, um sich Befehle zu holen, was nun geschehen solle. Drüben im Ort, wo bei den Rumänen gekämpft wurde, schlugen erneut die Lagen der russischen Artillerie ein.

»Was sollen wir dort?« keuchte einer der Eisenbahner aufgeregt. »Eben! ... Der Bahnhof liegt unter Feuer ... Wir dürfen nicht einfahren ... das ist gegen die Dienstvorschrift!« »Hoffentlich sieht das der Kommandeur ein! Wir werden hier abladen müssen.« »Das geht nicht! ... Zu hoch ... und kein richtiges Ladezeug ...« Der Himmel brüllte auf. Mitten aus den dicken Wolken wuchteten plötzlich Granaten, rammten zu beiden Seiten der Gleise in den Boden und rissen ihn auf. Die Splitter zischten nach den Seiten weg, rissen Gras und Dreck mit sich und jagten pfeifend gegen die Waggonwände, gegen Räder und Gestänge. Ein paar Soldaten krümmten sich im Schnee. Sanitäter sprangen aus den Waggons und hoben die

Verwundeten auf. Hilfreiche Hände streckten sich ihnen entgegen, um die Kameraden hinter die schützenden Wände der Wagen zu bringen und die Wunden zu verbinden. Der Anblick der Verwundeten, ihr Stöhnen, die neuen Abschüsse, die aus dem Dunst herüberhallten, zerrten alle an den Nerven. »Was halten wir hier?« riefen die Soldaten den Eisenbahnern zu, »fahrt endlich weiter, verdammt noch mal.« »Wir ... können ... nicht! - Dürfen nicht...« »Angst, was? ... Fahrt schon los! ... Was bleiben wir hier einfach stehen?« Die Landser machten sich Luft, schimpften und warteten, ihre Sachen griffbereit. Sie horchten hinaus auf das Grummeln; sie sahen über sich die gewölbten, mit Leisten verstrebten Wagendächer, und sie wagten nicht daran zu denken, wenn ...

Der Obergefreite Hirsch riss die Augen weit auf und trat erschreckt von der Plattformkante zurück, bückte sich dann aber rasch. Er griff zusammen mit Wahrmut und einigen anderen in das kalte Uniformtuch der Gestalt, die zwei andere Soldaten eben heraufgehoben hatten. Sie zogen den Toten tiefer in den Wagen hinein. »Meßbauer!« sagte Wahrmut und wischte sich zerstreut über das Gesicht. »Der erste von uns ... Ich hab's euch ja gesagt, wie das hier ist!« Der Unteroffizier schüttelte den Kopf und hob dann den Blick. Der Krieg, dachte er, wird uns alle verschlingen. Er hasste den Krieg, wie ihn jeder Soldat hasste. Aber er würde ihn durchstehen müssen, wie alle seine Kameraden hier. Nur hatte er geglaubt, dies in Frankreich tun zu können, in Norwegen oder Italien, nur hier nicht, nicht hier in Russland! Und nun war er zum zweiten Mal hier, und deshalb gab er sich selbst keine Aussicht, durchzukommen. Hatte überhaupt einer von ihnen Aussichten? Meßbauer hatte keine gehabt. Das wusste jetzt jeder von den Männern, die um den Toten herumstanden und stumm auf ihn niedersahen. »Das war nur Störfeuer. Nicht gezielt!« sagte Feldwebel Schaffer. Er wusste selbst nicht, ob er daran glaubte. »Aber ... es ist ein böser Anfang!« Der Zug ruckte kräftig an. Die Männer stießen sich gegenseitig, Gerät schepperte laut, eine Konservendose kollerte über die Holzdielen. Von draußen hallte das Schnauben der Lokomotive herein. Der Zug gewann an Fahrt.

Jeden Muskel gespannt, hingen Lokführer und Heizer mit halbem Oberkörper aus dem Führerstand und starrten an den glänzenden Schienen entlang zu den Häusern hin, die immer näher kamen. Rechts und links von den Gleisen mahlten zwei Spähwagen, braune Spuren ziehend, durch den matschigen Schnee Kotelnikowo entgegen. Über dem Ort lag Feuerschein, und etwas später konnten die Soldaten brennende Hütten sehen. Immer noch krachten Artillerieeinschläge dazwischen. Ohne hinzusehen, öffnete der Lokführer mit der Rechten ein wenig die Dampfzufuhr, indem er den Regulator herumlegte. Er dachte daran, was es wohl geben würde, wenn sie den Ort erreicht hatten, und dass es gegen die Dienstvorschrift war, einzufahren, und dass er ja gar kein Soldat war. Aber der Kommandeur hatte die Weiterfahrt befohlen. Und so musste er wohl oder übel gehorchen. Erschrocken zuckten beide zusammen, als wieder ganz nahe Granaten in die Steppe schlugen. »Hol's der Teufel!« fluchte der Lokführer und riss den Regulator herum, als er wenige hundert Meter vor sich den Ortsrand sah und die Spähwagen, die darauf zufuhren. Zischend schoss der Dampf ein. Die Kolben donnerten, und der Zug ratterte in Höchstfahrt auf Kotelnikowo zu. In den Waggons standen die Soldaten gefechtsbereit an den Türen, die Waffen in den Fäusten, Gerät und Gepäck neben sich am Boden. Jeder kannte seinen Platz, wenn sie in den nächsten Minuten in den Kampf springen mussten.

Die Einheitsführer hatten ihre Befehle, und auf den Loren warteten bereits im schneidenden Wind die Fahrer und Trossleute auf den Augenblick, wo der Zug an die Rampe kommen würde. Dann mussten in Sekundenschnelle die Fahrzeughalterungen und Keile losgeschlagen werden. Sie würden alle nicht viel Zeit haben, das wussten sie, und sie mussten die kurzen Pausen der feindlichen Artillerie nützen, um wegzukommen aus dem Bereich ihrer Granaten. Kaum jemand sagte etwas. Die Minuten zogen sich hin, lang, träge, sie waren voll Angst, Lauern und Hoffen. »Da ist er!« knurrte der Lokführer, und verschluckte sich dabei. »Der Bahnhof...« »Ja!« nickte der Heizer. »Und er ist heil!« Wieder nickte der andere. Die letzten Meter, dachte der Lokführer, packen wir bei dem Tempo in drei oder vier Minuten. Er verengte die Augen zu Schlitzen und starrte in den Nebel vor sich. Der Wind griff als eisige Hand in sein Gesicht. Vor ihm pfiff das Gestänge, unten zischte der Dampf und donnerten die Räder. Mit seiner harten Faust hielt er den blankgewetzten Regulatorgriff umschlossen. Dann warf er ihn herum, und seitlich stieß der überschüssige Dampf aus den Rohren. Der Heizer zog die Bremse an. Langsamer werdend schob sich die lange Reihe der Waggons rumpelnd hinter der Lokomotive immer näher zur Rampe hin. Hunderte von Augen sahen ihr entgegen, darüber hinweg in die Runde, wo die Hütten standen, zum Teil in Feuer gehüllt, andere nur noch schwelende Trümmerhaufen, aus denen verkohlte Balken sperrig in den Himmel ragten. Manchmal tauchten Gestalten auf, die schnell, wie Schatten, vorbeihuschten und wieder verschwanden. Irgendwo im Grau ratterte ein Maschinengewehr.

»Ein russisches!« sagte einer, der es am Klang erkannte. Dann hörten sie ein zweites MG. In der Nähe schlugen Granatwerfergeschosse krachend zwischen die Katen. Sie waren an der Rampe. Endlich! »Raus!« Ein Kommando, das keiner gebraucht hätte. Die Männer sprangen hinaus. Die Enge der Wagen spie sie aus. Sie bildeten Ketten und warfen das Gerät und die Munition einander zu, schleppten, keuchten, fluchten. Immer wieder horchten sie in den Himmel, ob er schwieg oder ob er abermals mit Gebrüll die todbringenden Granaten herüberschleudern würde. Fahrzeugmotoren heulten auf, erstarben wieder, donnerten erneut, Gashebel und Kupplungen wurden durchgetreten. Die ersten Wagen schaukelten von den Transportwaggons, weißgraue Auspufffähnchen hinter sich herschleppend. Kommandos überall, rennende, schleppende, schießende Soldaten. Dann kamen wieder die Granaten. Die furchtbaren Rammschläge fegten Hütten hinweg und stampften tiefe Löcher in den Boden, die sich im Nu mit Wasser füllten. Zäher Qualm zog daran und riss im Aufwind die Feuersäulen brennender Häuser und Fahrzeuge mit sich empor, in das schwarzgraue Tuch, das sich über Kotelnikowo dehnte. Das Entladen ging in fieberhafter Eile vor sich. Jeder hetzte. Nur schnell, schnell. Eben hatten sie noch im Dreck der Deckung gelegen. Die braungraue Nässe rann von ihren Winteranzügen herab. An manchen Stellen riefen Verwundete nach den Sanitätern, lagen Tote verkrümmt auf der Erde. Jetzt musste es schnell gehen.

Wer wusste, wann der nächste Feuerüberfall kam? »Alarm! Der Russe greift an!« schrie jemand. MG und MP bellten auf. Leuchtspurgarben zischten an Hauswänden und aus Straßenzügen heran, rissen ab, um schnell wieder aufzuleuchten. Die Abschüsse von Granatwerfern blubberten dazwischen, und gleich darauf krachten die Einschläge rings um den Bahnhof. Bereits auf kurze Entfernung waren die Rotarmisten sichtbar, die sich geduckt heranarbeiteten, sich einzeln in kurzen Sprüngen näher schoben. Im fahlen Licht des Morgens stiegen Leuchtkugeln in den Himmel und gingen verglimmend wieder nieder. Die Grenadiere lagen bereits in Stellung. Hinter Lehmwänden und Mauern hatten sie sich Deckung gesucht, und ihre Augen suchten den Gegner. Die Läufe der Karabiner und MG wurden gerichtet. »Feuer frei!« schrie Feldwebel Schaffer seinen Männern zu, als die Angreifer in ihren braunen, langen Mänteln nahe genug herangekommen waren. Manche der Rotarmisten warfen die Arme hoch und schlugen nach vorn, andere stoppten jäh ihren Lauf, sackten in den Knien ein; ein Teil kam noch rechtzeitig in Deckung. »Kompaniiiie ...! Fertigmachen zum Gegenstoß! ... Sprung auf ... marsch!« gellte die Stimme des Kompanieführers, Oberleutnant Jung. Sie sprangen hoch, stürzten nach vorn, die Waffen von der Hüfte aus abfeuernd, kaum dass die Detonationen der geworfenen Handgranaten verklungen waren. »Hein! ... Die unseren werfen die Russen zurück!« rief der Lokomotivführer aus. Der Heizer hing über der Brüstung des Lokstandes und antwortete nicht. So riss ihn der andere an der Schulter herum, erschrak jäh ... und ließ den Toten langsam an der niedrigen Eisentür auf den Boden der Plattform herabgleiten.

Es war am späten Abend des 27. November 1942, als der Kommandeur der 6. Panzerdivision, Generalmajor Raus, die Nachricht erhielt, dass die Stadt Kotelnikowo durch die ständig anrollenden Truppen seiner Division gänzlich vom Feind gesäubert worden sei.

Seit der Sommeroffensive 1942 stand die »Heeresgruppe A« mit ihrem rechten Flügel am Schwarzen Meer von Tuapse. Ihr linker Flügel verlor sich in der Kalmückensteppe bei Elista, wo die 16. motorisierte Infanteriedivision weit verteilt sicherte. Sie bildete mit nur schwacher Fühlungnahme die Verbindung zur 4. rumänischen Armee und der die Stadt Stalingrad umklammernden 6. Armee und 4. Panzerarmee, die sich in heftigen Kämpfen befanden. Den Raum nordwestlich von Stalingrad bis nach Woronesch hielten auf 600 Kilometer Länge am Don die 3. rumänische, die 8. italienische und die 2. ungarische Armee. Erst ab Woronesch schlossen sich der Front wieder deutsche Kräfte an, jedoch fast ohne Reserven.

Von der für die Front Elista-Woronesch zuständigen »Heeresgruppe B« wurde des öfteren beim OKW (Oberkommando der Wehrmacht) auf diesen gefährlichen Punkt hingewiesen, ohne dass entsprechende Maßnahmen ergangen wären. Für die Rote Armee bot sich in ihrer operativen Planung gegen Stalingrad die ihnen bekannte schwache Widerstandskraft der mit den Deutschen verbündeten Armeen als aussichtsreiche Angriffspunkte an. Bereits am 19. November setzten deshalb die Russen mit einer Zangenbewegung nördlich und südlich von Stalingrad mit je einer Stoßarmee gegen den rumänischen Frontabschnitt an, und schon am 21. November war die Stadt eingeschlossen. Der nördliche Stoßkeil des Gegners, aus einem größeren Brückenkopf am Don geführt, durchbrach die 3. rumänische Armee und trennte durch die Wegnahme der Brücke bei Kalatsch über den Don die für den deutschen Nachschub wichtige Versorgungsbahnlinie von den kämpfenden Truppen. Der südliche Stoßkeil, aus der Kalmückensteppe und über die Wolga kommend, zerschlug die 4. rumänische Armee, sperrte die südwestliche Bahn von Salsk nach Stalingrad und erreichte bei Kalatsch den anderen Stoßkeil. Die schnell in den Kampf geworfenen deutschen Alarmeinheiten vermochten die Schließung des Kessels nicht mehr aufzuhalten. Auch die am Tschir in Reserve liegenden Verbände der 22. Panzerdivision und der im Kampf noch unerfahrenen 1. rumänischen Panzerdivision, im XXXXVIII. (48.) Panzerkorps zusammengefasst, konnten die Einkesselung der 6. Armee und des größten Teils der 4. Panzerarmee nicht mehr verhindern.

Der Kessel von Stalingrad war nicht das Verschulden der Rumänen – die übrigens trotz schlechter Ausrüstung und schlechter Führung erbittert fochten –, sondern das Versagen des OKW, das bei mangelnder Feindeinschätzung auf Hitlers Befehl hin der »Heeresgruppe B« fast alle Kräfte entzog, um Stalingrad zu nehmen. Am 21. November war der Kessel um Stalingrad geschlossen. Nur unter großen Mühen gelang es der schnell gebildeten und später verstärkten Armee-Abteilung Hollidt, am Tschir eine neue Widerstandslinie aufzubauen. Trotzdem verblieb eine Frontlücke von 150 Kilometern. Zwischen Elista und dem Don befanden sich nur noch der Stab der 4. Panzerarmee und zwei rumänische Divisionen (1.200 Reiter), sowie einige deutsche Alarmeinheiten.

Durch Zusammenfassung dieser Einheiten einschließlich der eingeschlossenen 6. Armee und der Teile der 4. Panzerarmee wurde das neue »Heeresgruppenkommando Don« gebildet, dessen Führung Feldmarschall von Manstein übernahm. Dieser Heeresgruppe wurden neu zugeführt: Die Armeeabteilung Hollidt (von »Heeresgruppe B«), das LVII. Panzerkorps (von »Heeresgruppe A«) mit der schwachen 23. Panzerdivision, später noch die 11. und 17. Panzerdivision und einige kampfschwache Luftwaffenfelddivisionen. So sah also Mitte November die Lage am Südflügel der Ostfront aus. Am 3. Dezember sollte der Entsatzvorstoß auf Stalingrad erfolgen. Die 4. Panzerarmee (südlich des Don wieder aufgefüllt) sollte dazu mit dem LVII. Panzerkorps (23., 6. Und 17. Panzerdivision) aus dem Brückenkopf an der Tschirmündung gegen den Kessel vorstoßen.

Zugeteilt war noch die 4. rumänische Armee mit ihrem VI. und VII. Korps. Die ebenfalls zugeteilte 16. motorisierte Infanteriedivision gab die »Heeresgruppe A« jedoch wegen Sicherungsaufgaben in der Steppe nicht frei. Die Armee-Abteilung Hollidt (62., 294. und 336. Infanteriedivision, unterstelltes XXXXVIII. Panzerkorps mit 11. und 22. Panzerdivision, 7. und 8. Luftwaffenfelddivision) hatte den Auftrag, den Vormarsch der Roten Armee am Tschir aufzuhalten und später mit der 4. Panzerarmee vorzugehen. Die Luftflotte 4 (Frhr. v. Richthofen), die bereits die Versorgung der 6. Armee durchführte, war mit der Heeresgruppe auf Zusammenarbeit angewiesen. Am 3. Dezember hatte sich das LVII. Panzerkorps unter dem Flankenschutz der Rumänen bei Kotelnikowo gesammelt, um den Angriff gegen Stalingrad vorzutragen. Die Russen griffen jedoch aus dem großen Donbogen am Tschir dermaßen hart an, dass es der Armee-Abteilung Hollidt nur mit Mühe gelang, den Tschir zu halten – von ihr war somit für die angesetzte Operation kaum mehr Hilfe zu erwarten.

Sie marschierten schon eine ganze Weile stumm hintereinander. Es taute. Die dünne Schneeschicht war wässerig und bildete nur noch in den Vertiefungen zusammenhängende, grauweiße Felder. Die Kompanien des Panzergrenadierregimentes 114 nahmen ihren Weg zu den Bereitstellungsräumen. Weiter hinten warteten die Panzer des Regiments 11 in einer Balka auf den Marschbefehl. Jeden Augenblick mussten die Ergebnisse der Aufklärungsabteilung über die Feindlage eintreffen. Die Nacht war sternenlos. Im Süden grummelte Artilleriefeuer. Ferne Leuchtkugeln blinkten für kurze Zeit auf. Ihr schwaches Licht spiegelte sich auf den nassglänzenden Stahlhelmen der Soldaten. Abgerissene, kurze Feuerstöße eines russischen Maschinengewehres hackten durch die Finsternis.

»Ist dort drüben noch jemand von uns?« fragte der Obergefreite Hirsch und wechselte das MG auf die andere Schulter hinüber. »Rumänen! Sie sichern die Flanke!« gab Gruppenführer Wahrmut zurück. Vorn gab es eine Stockung, die Reihe der Männer rückte näher auf. Einzelne leise Wortfetzen und das verhaltene Klappern von Metall drangen nach hinten. »Vorsicht – Eis!« kam es durch die Reihe. »Wieder so eine verdammte Balka!« knurrte Wahrmut. »Die Panzer werden ihre Not haben, dort durchzukommen. Mir sind die Schluchten immer unheimlich gewesen. Dort drin kann sich alles Mögliche verstecken.« »Die Panzer haben doch Eisstollen«, wandte Hirsch ein. »Die sind hier für die Katz. Auf der Schräge ist alles umsonst.« Es war eine finstere, feuchte und ungemütliche Nacht, die sie alle umgab. Wahrmut gefiel das alles nicht. Er wusste nicht warum, aber er hatte ein Gefühl für Gefahren. Sie waren heran, und jetzt ließ sich auch Wahrmut langsam über den Rand der Schlucht hinab, tastete sich mit den Füßen voran, während er sich leicht auf die linke Hand abstützte. Knapp hinter ihm landete der Obergefreite. In Abständen kamen die anderen Männer der Gruppen den Hang herunter. »Wie weit ist es noch?« wollte Hirsch wissen. »Müssen bald da sein. Nicht weit hinter der Balka.« »Mir gefällt das hier nicht!« »Frag mal, wem es hier gefällt.« Wahrmut ärgerte sich über die Bemerkung von Hirsch, weil der gesagt hatte, was er selbst schon die ganze Zeit über empfand.

Sie schlichen durch die Balka. Jeder gab sich Mühe, kein Geräusch zu machen, und doch klapperte manchmal kurz eine Gasmaskenbüchse, stieß Metall auf Metall. So gingen sie schweigend weiter, zur Linken den steilen Hang greifbar nahe, rechts das Wasser, das sich im fahlen Abglanz ferner Leuchtkugeln wie ein riesiger Tintenklecks bis zu den Riedgräsern und dürren Sträuchern erkennen ließ. Noch weiter drüben, beim Schein der Leuchtkugeln kaum mehr zu sehen, war der andere Hang der Schlucht. Weiter nach vorn schien sich die Balka noch zu verbreitern, denn ein fahler Streifen des Himmels füllte dort den Einschnitt aus. Er führte fast genau auf Pochlebin zu ...

Unterleutnant Jaschkin drückte sich noch fester an die Erde. Er spürte, wie die Nässe des Bodens durch seine wattierte Jacke bis an die Haut drang, aber er blieb auf dem Bauch liegen und rührte sich nicht. Unentwegt sah er nicht nur in eine Richtung, von der er seit geraumer Zeit Geräusche hörte und von der er wusste, dass sie von dort kommen mussten. Wieder vernahm er mit angehaltenem Atem das leise Brechen eines halbvermoderten Astes. Jaschkin hatte sich nicht getäuscht. Einen kurzen, prüfenden Blick nur warf er hinter sich, wo er seine Männer wusste. Als er sich wieder nach vorn drehte, nickte er zufrieden. Nichts, aber auch gar nichts hatte verraten, dass nur wenige Meter von ihm entfernt sein ganzer Zug versteckt lag.

Drüben schob sich die Reihe näher. Unscharfe Gestalten nur, aber der Unterleutnant erkannte sie an den runden Helmen. Weiter dem Dorf Pochlebin zu, im verbreiterten Teil der Balka stand die 85. Panzerbrigade, die Spitzenkompanie des Hauptmanns Bogdanew mit den T 34. Nichts verriet die Anwesenheit der stählernen Ungetüme, ja selbst die in Abständen hinten beim Dorf hochsteigenden Leuchtkugeln, deren Schein blass über die Sohle der Balka zitterte, traf nur das braune Gras auf den Wannen und Türmen der getarnten Panzer. Bogdanew saß bewegungslos an der Optik seines Befehlspanzers und beobachtete. Auch er sah die lange Reihe der Deutschen, und auch er wartete, bis die Spitze der Reihe den gewissen Punkt erreicht haben würde. So war es bei der Befehlsausgabe beim Kommandeur, Generalleutnant Meschkin, festgelegt worden. Bogdanew musste zuerst losschlagen, und dann würde alles planmäßig abrollen: Infanterie, Kavallerie aus den Flanken, die Panzer von vorn. Es konnte nichts schiefgehen, es durfte auch nichts schiefgehen. Noch dreißig Meter, schätzte Bogdanew, noch fünfundzwanzig…

Es war nur die Andeutung eines unterdrückten Hustens, ein Hauch fast, aber es war doch ein fremdes Geräusch, eines, das sich vom Schaben der Stiefel im Gras, vom Schmatzen des Sumpfes, vom Knarren der Koppelzeuge unterschied. Oberleutnant Jung hatte es bemerkt. Als hätte dieses winzige Geräusch ein rotes Alarmlicht in seinem Hirn aufleuchten lassen, wusste er blitzschnell, was los war. »Volle Deckung!« schallte sofort sein Schrei durch die Schlucht. Im Hinwerfen erkannte Jung noch den ersten russischen Panzer als massigen Schatten vor dem düsteren tiefhängenden Himmel. Wo sie gerade standen, warfen sich die Soldaten auf die Erde. Keiner hatte Zeit, nachzudenken, zu überlegen, jedem riss der Befehl förmlich die Beine unter dem Leib weg. Sie krallten sich in den weichen Boden.

Ein fürchterliches Getöse zerschlug plötzlich die lastende Stille. In das Donnern der Panzerabschüsse mischte sich das schauerliche "Urräh"-Geschrei der Rotarmisten, die sich aus dem Gras hochrafften und heranstürmten, ihre Waffen im Laufen abfeuernd. Das Tosen und Lärmen wälzte sich in mächtiger Woge durch die Balka dahin, ebbte von den Hängen zurück und traf mit dem erneuten Bellen der Panzerabschüsse zusammen. Auch Unterleutnant Jaschkin stürmte, rannte schreiend durch das Gras, und seine Männer hinter ihm. Im Unterbewusstsein fühlte er, dass etwas nicht planmäßig verlaufen war. Der Obergefreite Hirsch schwenkte die Mündung des MG nach links herüber, wo er durch das Wasser patschende, im Dunkeln unförmig sich ausnehmende Gestalten herantorkeln sah. Dann merkte er den Rückstoß des Kolbens an seiner Schulter. Dicht neben ihm lag sein Kamerad und Schütze zwei, der Gefreite Eisenhut, der den Gurt zwischen seinen Fingern hindurchgleiten ließ, damit es keine Ladehemmung gab. Da und dort bellte eine MP-Garbe herüber, schnell, abgehackt. Die Mündungsfeuer leuchteten grell auf. Zirpend jagten die Geschosse über die Köpfe der Soldaten hinweg. Die Balka war nicht sehr breit. Sie ist eine ekelhafte Falle, dachte der Gruppenführer Wahrmut. Er nahm den Kopf blitzschnell weg, als von schräg drüben die lange 7,62-Kanone eines T 34 herüberbrüllte. Aber der Einschlag lag schon längst hinter der Gruppe. Singende Splitter pfiffen rundum.

»Weg! Hinüber!« zischte Wahrmut und schnellte seitlich davon in einen Graben. Er machte sich keine Hoffnungen, denn sie lagen hier wie festgenagelt. Es gab kein Ausweichen über den Hang hinweg; das wäre aussichtslos gewesen. Er pfiff durch die Zähne und stieß Hirsch an, der eben neben ihm sein MG wieder in Stellung gebracht hatte. Der Unteroffizier wies nach vorn: T 34! Zwei, drei lösten sich ruckartig aus der Deckung, schaukelten mit eckigen Bewegungen hervor, standen eine Weile gut sichtbar gegen den Horizont. Dann donnerten sie heran. Die Panzer fuhren zu dritt nebeneinander, sodass ihre MG die toten Räume gegenseitig bestreichen konnten. Die Balka war erfüllt mit Motorengebrüll, das den Männern in den Ohren schmerzte. Sie drückten sich noch dichter in den Matsch, machten sich noch kleiner, stierten über die Spitzen der Gräser hinweg nach vorn, wo die Ungetüme immer größer heranwuchsen. Eine Hafthohlladung müsste man haben, dachte Oberleutnant Jung. Aber er hatte keine. Keiner der Männer in seiner Umgebung hatte eine. Und knappe zwanzig Schritte weg wühlte sich der erste Panzer heran. Die Männer hielten den Atem an, und rund um sie floppten die Geschosse in den Boden. Ein Schatten warf sich nach vorn, war im Nu an den Landsern vorbei, hetzte in langen Sätzen zum vordersten der Panzer. Sekunden nichts. Nur das Mahlen der Motoren war zu hören. Eine zweite Gestalt sprang heran, warf sich auf die Erde, keuchte.

Eine Detonation brüllte auf. Die Erde schien aufzureißen. Schwerfällig flatterten die Stahlfetzen des explodierten Panzers durch die Gegend und plumpsten herab. »Schaffer! Das ist...«, wollte Jung freudig rufen, als der gleiche dröhnende Schlag ihn und seine Männer abermals niederzwang. Dazwischen hackte der harte Abschuss einer Panzerkanone. »Unsere! Mensch! Dort!« stieß der Oberleutnant hervor. Er stieß den Arm in die Richtung nach Norden. Oben am Rand der Schlucht erkannten sie einen deutschen Panzer. Vor seiner Silhouette züngelten die Flammen rot und schwefelig aus den Wracks der beiden T 34. Der letzte der drei Russenpanzer kurvte wie wild umher, gegen den Hang, zurück, wendete mit eckigen Bewegungen, rollte dann schaukelnd davon, dem Ausgang der Balka zu. Hallend hieb der nächste Schuss in die Nacht. Der deutsche Panzer IV ruckte dabei ein wenig zurück. Der T 34 verhielt wie erschreckt, dann barst er entzwei. Die Landser lagen noch eine ganze Weile. Hin und wieder brüllten die Panzerkanonen von Deutschen und Russen auf. Die Grenadiere waren hier machtlos und nur Zuschauer dieser nächtlichen Duelle. Wieder stiegen drüben bei den Russen die Brandwolken getroffener Panzer in den Nachthimmel. Detonationen hallten in die Steppe hinaus. »Sie hauen ab!« sagte Jung. »Wir sind noch einmal davongekommen!« Sie rappelten sich hoch, schlenkerten die Nässe aus den Uniformen und zählten heimlich ab. Ein paar Kameraden fehlten. »Sauerei!« fluchte Wahrmut und ließ das Wasser aus seinem Stiefel laufen.

Dann gingen sie in Gefechtsordnung weiter vor. Sicher verbargen sich noch feindliche Schützen in der Balka. Als die Leuchtkugeln in den Himmel zitterten, sahen die Männer die braunen Hügel; Tote, manchmal Verwundete, die Hilfe wollten. Aber auch Schüsse fielen; heimtückisch, unvermittelt, hinter Grasbüscheln hervor, über Tote hinweg. Die Grenadiere kämmten alles durch und brachten die Gruppen der Gefangenen zum Sammelpunkt. »Ein Offizier!« sagte Wahrmut plötzlich. Er ließ kurz den Strahl seiner Taschenlampe auf die Gestalt am Boden gleiten. Der Kegel der Lampe ruhte eine Zeitlang auf der prallen Kartentasche des Toten. Wahrmut hob sie auf, öffnete: Zigaretten, Feuerzeug, Bleistifte. Dann pfiff er plötzlich durch die Zähne... »Prima!« sagte Oberleutnant Jung kurz darauf. »Ein Aufmarschplan.« Minuten später brachte ein Melder diese wichtigen Unterlagen zum Regiment.

Gleichmütig stapfte Wahrmut wieder seiner Gruppe voran, Pochlebin entgegen. Hirsch und Eisenhut waren innerlich wie ausgebrannt, müde, fertig. »Wie fühlt ihr euch?« fragte Wahrmut. Sie fühlten gar nichts, die beiden. Deshalb schwiegen sie einfach. »Geht vorbei«, meinte der Unteroffizier. »Kenne ich – Feuertaufe! – Diesmal habt ihr sie direkt in der Hölle erlebt!« Dieses Gefühl hatten die beiden auch. Sie nickten nur und stapften mit weichen Knien hinter dem Gruppenführer her.

Die 6. Panzerdivision war noch nicht vollständig. Noch immer waren in der Nacht zum 4. Dezember einige Einheiten auf dem Bahntransport. Die Bahnlinie um Kotelnikowo sicherte das Panzergrenadierregiment 4, und Teile der 85. sowjetischen Panzerbrigade waren durch die dort sichernde 3./114 durchgebrochen. Diese Kompanie focht verzweifelt gegen die Übermacht, brachte hohe Opfer, und erst gegen Mittag konnten die herangeführten Panzer des Regiments 11 die sowjetische Massierung südlich von Pochlebin vernichten. Die 3. Kompanie aber hatte zwei Drittel ihres Offiziers-und Mannschaftsbestandes eingebüßt. Der Rest klammerte sich an die Schneehänge eines kleinen Baches und suchte Anschluß an die dort sichernde 1./114 zu halten. Durch das Aushalten der 3./114 war es der 6. Panzerdivision möglich geworden, Kräfte zu konzentrieren und die neu festgestellten Feindmassen umfassend anzugreifen. Am 4. Dezember standen bei der 6. Panzerdivision dafür bereit: Abteilung Bake (Panzerregiment 11) mit

Stab II, 1., 2., 5. und 8. Kompanie; Abteilung Löwe (Panzerregiment 11) mit Stab I, 4., 6. und 7. Kompanie; II. Panzergrenadierregiment 114 (Schützenpanzer-Bataillon); 1. Panzerjägerabteilung 41 (Selbstfahrlafetten); 1. Panzerartillerieregiment 76 (1 leichte, 1 schwere Batterie). Während diese Kampfgruppe der 6. Panzerdivision ihren Schlag gegen die feindlichen Truppen um Pochlebin richteten, waren von der 23. Panzerdivision, die sich durch den Schlamm vom Kaukasus heranquälte (diese Division hatte nur noch 30 Panzer!), nur einige schnell zur Panzerbekämpfung herangezogene Flak- und Pak-Einheiten zur Stelle. Von den Luftwaffen-Felddivisionen war noch keine einzige eingetroffen, und ob die 17. Panzerdivision noch rechtzeitig antreten würde, war sehr fraglich.

So erwies sich der für die Entsatzoperation angesetzte Termin für den 3. und 4. Dezember als zu früh, weil die dafür vorgesehenen Kräfte ihre Bereitstellungsräume nicht mehr rechtzeitig erreichen konnten, und – im Falle der 6. Panzerdivision – große Mühe hatten, sie gegenüber dem starken Feinddruck zu halten. Im Hinblick aber auf den Kessel um Stalingrad und die darin eingeschlossene 6. Armee durfte dieser Termin keine größere Verzögerung mehr erfahren, wenn noch Aussicht auf deren Befreiung bestehen sollte. So wurde die 6. Panzerdivision für den 4. Dezember die tragende Kraft des Unternehmens aus dem Abschnitt Kotelnikowo heraus. Oberst von Hünersdorff, der Führer der Kampfgruppe, ein untersetzter, breitschultriger Mann, blickte auf die Zeiger seiner Armbanduhr. »Neun Uhr fünfundfünfzig«, sagte er. »Los! – Panzer marsch!« Er stieß mehrmals seine Faust in die Luft, sah sich um und bückte sich hinab, um die Luke seines Befehlspanzers zu schließen. Der Panzerangriff rollte. Im Breitkeil, gestaffelt, schaukelten die Stahlkolosse durch das leicht hügelige Gelände. Sie trugen die natürliche Tarnung des Schlammes, der von den langen Anmärschen im aufgeweichten Boden in grauen Fladen die Wannen und Türme überzog. Es taute noch immer. In den Panzern roch es nach verbrauchter Luft, abgestandener Wärme, Treibstoff und Öl. Von den eisernen Wänden liefen die Tropfen des Schwitzwassers herab. Die Luken waren dicht, jeder Mann der Besatzung auf seinem Posten. Gefreiter Weinert, ein Funker, hatte das Summen und zeitweilige Pfeifen des UKW-Gerätes in seinen Kopfhörern unter dem gummigepolsterten Helm.

Leutnant Stäcker, der Kommandant, dirigierte durch Kniedruck auf den Rücken des Fahrers dessen Richtung. Der Leutnant sah die Landschaft um den Asskaj-Abschnitt nördlich von Pochlebin in ihrer grauen, trostlosen Eintönigkeit vor sich, den weiten, sich am Horizont wie ein Dach nach unten abschrägenden bleigrauen Himmel und die flachen Hänge jenseits des Asskaj, die förmlich vollgestopft waren mit Fahrzeugen und russischer Infanterie. Auch Panzer waren darunter. »Zaunkönig marsch!« hörte der Leutnant den Decknamen seines Zuges über Funk, und er wusste, dass er vorziehen musste, was er auch sogleich befahl. Seine Wagen scherten aus, schoben sich in die W-Formation, die zum Gefecht führte. Die Russen schossen. Gelbe Feuerbälle von Panzern und Pak stachen aus dem Grau des Morgens von der Senke herauf. Etwas weiter weg, links drüben bei der 8. Kompanie, brüllten die Einschläge auf. Eine Feuersäule stieg hoch. Ein Panzer brannte. Durch den Lichtschein sprangen die Männer der Besatzung und brachten sich in Deckung. »Kanisterbrand!« brummte der Leutnant für sich. Er wusste, dass die Granate die am Heck des Panzers angebrachten Reservekanister erwischt hatte. Nichts wie weg! Drauf! hieß es jetzt nur noch, denn die ganze I. Abteilung bot für den Feind zu gute Ziele, die er aus der Senke heraus unter Feuer nehmen konnte. Major Löwe, der Kommandeur, beließ die 4. Kompanie als Feuerschutz, die anderen griffen an.

Die Motoren brüllten im Vollgas. Die Panzer wühlten sich über die Kante des Hanges hinab, die Ketten rasselten, lange Dreckfontänen flogen nach hinten weg. Stäcker hing an der Optik, presste die Augen gegen den Gummischutz. Und wieder blitzten vor ihm die gelben Abschüsse aus der Tiefe herauf. Der Richtkanonier kurbelte. »Feuer!« Wie ein Hammerschlag rollte der Abschuss durch den Panzer. »Treffer!« rief Stäcker. Riesengroß sprang die Feuersäule in seine Optik. Für einen Augenblick verdeckte der aufziehende Qualm die Sicht auf die Umgebung. Dann quirlte in schneller Folge krepierende Munition wie ein Feuerwerk durch das Sichtfeld. Kurz darauf schoss der Panzer IV wieder nach vorn, als der Fahrer das Gaspedal trat. »Sprenggranaten!« befahl Stäcker. In die Schlange der Fahrzeuge, die auf dem schmierigen Band der Straße auf Pochlebin zuhielt, richtete der Panzer Stäckers mit der großen aufgemalten Fünf die lange 7,5-cm-Kanone zum Abschuss. Schuss auf Schuss donnerte hinaus. Stichflammen fraßen sich in den Himmel, schlossen einen Feuervorhang um Fahrzeuge und Reiter, um Zugmaschinen und Geschütze, um Menschen und Tiere, die gehetzt davonjagten. Die Hänge um den Asskaj wimmelten von den braunen Tupfen der Rotarmisten, die im Schutz verbissen feuernder Pak und Panzerkanonen nach sicherer Deckung suchten. Eine Unzahl von reiterlosen Pferden und Kamelen jagte in Todesangst hin und her, brach aus, hetzte fort. Erbittert suchten T 34 und Pak die Kolonne auf der Straße durch ihr Abwehrfeuer zu decken, aber ein Feindpanzer nach dem anderen zerbarst in Rauch und Flammen.

»Feuer!« rief Leutnant Stäcker. Das befahl auch Hauptmann Behring, Chef der 2. Batterie der 10,5-cm-Feldhaubitzen des Artillerieregiments 76. Er war auf der B-Stelle und sah durch das Scherenfernrohr das andere Ufer des Asskaj, die rennenden hinwegeilenden Rotarmisten, die über die Hänge hinaufeilten. »Ganze Batterie, Feuer!« Leutnant Schwiers, der Beobachter, bediente jetzt selbst das Feldtelefon, solange der Chef an der Schere (Scherenfernrohr) saß, und schnell rief er dessen Befehl in den Hörer. »Abgefeuert!« Behring nickte, und dann hörten sie die heranheulenden Granaten, die über ihre Köpfe hinweg nach drüben zogen. In der »Schere« sah der Hauptmann den aufbrechenden Kraterteppich der Einschläge beim

Gegner. »Feuer!« rief auch Oberleutnant Durban von der Panzerjägerabteilung 41. Drüben barst ein T 34 entzwei. Ein wenig nur schob sich das Geschütz auf Selbstfahrlafette fort, dann jagte der nächste Schuss hinaus. Inzwischen war Oberleutnant Küper, Kommandeur des II. (SPW-Bataillons) vom Panzergrenadierregiment 114, bis nahe an den von der 85. sowjetischen Panzerbrigade besetzten Südteil von Pochlebin herangekommen. Die Schützenpanzerwagen (SPW) wühlten sich durch den Schlamm. Es musste schnell gehen, denn der Russe schoss mit Panzern aus der Häuserdeckung herüber. Hinten brannten schon einige SPW, die getroffen worden waren.

Die Grenadiere saßen sich mit eingezogenem Genick auf den zwei langen Bänken gegenüber, sahen sich stumm an, horchten hinaus, blickten über sich durch das gegen Handgranatenwurf gespannte Gitter in den bleiernen Himmel. Es knallte fürchterlich draußen, manchmal näher, manchmal weiter weg. Sie alle hier hatten nur die dünne Stahlwand als Schutz gegen Splitter, die singend umherschwirrten. Die SPW ruckten, hielten. Endlich! Kommandos überschlugen sich. Die Panzergrenadiere flogen hinaus, erfassten mit schnellem, geübtem Blick die Umgebung, den Feind, die Gefahr. Nördlich, in etwa 200 Meter Entfernung, der Ortsrand, links davon brennende Fahrzeuge, Massen von Russen, Abschüsse. Die Russen schossen in Abständen vom Dorf her. Mit Vollgas stoben die SPW-Fahrer nach hinten weg, um die Wagen in Deckung zu bringen. Es war ein Wettlauf mit dem Tod. Nicht jeder kam davon. Wahllos wurden einige von den Granaten der T 34 zerhämmert. Plötzlich fuhr eine eigene Pak in Stellung, protzte ab, ungeachtet des Feuers, das der Gegner dorthin verlegte, und richtete das Rohr. Es entspann sich ein kurzer Kampf zwischen den im Schutz der Häuser gedeckt stehenden Panzern und der Pak. Unter den Flugbahnen der Geschosse arbeiteten sich die Grenadiere in langen Sprüngen allmählich an den Ortsrand heran, machten sich fertig zum Einbruch. Aus den Katen schlug ihnen das heftige Feuer sowjetischer Schützen entgegen. In Abständen blubberten die Abschüsse von Granatwerfern oben im Dorf in die Niederung herab. Sekunden später wühlten sich die Granaten in den weichen Boden, und kurz darauf schoss der Blitz eines explodierenden Panzers gegen den Himmel.

Im verziehenden Rauch mit den darin aufleckenden Flammen sahen sie die verkohlten Balken, zerschossene Pak und Infanteriegeschütze, viele Tote und die restlichen Verteidiger von Pochlebin, die sich schießend zur Ortsmitte hin absetzten. Die 5. und 7. Kompanie nahmen das Dorf frontal, die 6. stieß aus der linken Flanke darauf zu. Weiter hinten gaben die MG-Züge und die Infanteriegeschütze der schweren 9. Kompanie Feuerschutz. Handgranaten flogen zu den Häusern hoch, trafen durch fensterlose Öffnungen und Türen ins Innere, detonierten dort. Überall kamen die zäh kämpfenden Rotarmisten aus ihren Verstecken hervor, rannten vor die Mündungen der MP und Karabiner. Viele rissen die Arme hoch, warfen die Waffen auf die Erde, drückten sich in Haufen zusammen, mit schreckgeweiteten Augen das Geschehen um sie verfolgend. Es ging um die Hütten, um einzelne Geröllhaufen, die verbissen verteidigt wurden, um elende Trümmer verglühter Fahrzeugreste, um Gräben und Löcher, in denen sich der Feind eingenistet hatte. »Halten oder sterben!« so hieß der Befehl, den Stalin an die Truppe erlassen hatte, gültig für Offizier und Mann. Sie waren gestorben, aber sie hatten nicht zu halten vermocht. Die deutschen Grenadiere nahmen Pochlebin. Über schwelende Trümmer hinweg fanden sich die Einheiten wieder zusammen, bauten eine Sicherungslinie in den alten sowjetischen Stellungen auf und warteten auf die Panzer des Regiments Hünersdorff, das von Norden eine Bresche durch die noch immer kämpfenden Panzer des Gegners zum Dorf her schlagen sollte.

Müde hockten die Grenadiere in den Löchern, wagten in sicherer Deckung den ersten Zug aus der Zigarette, hatten vor sich die Bilder der Verwüstung. Gleich harten Peitschenhieben klangen immer wieder die Abschüsse von Panzerkanonen herüber, die Kunde von heftigen Kämpfen gaben. Leutnant Stäcker und seine Besatzung waren in Schweiß gebadet. Immer wieder donnerte die Langrohrkanone. Der Pulverdampf machte die Luft stickig, schweißnass waren die Hände der Männer, die die Geräte bedienten. Aber es gab keinen Halt, keine Pause. Drüben, der T 34, war gefährlich, manövrierte hin und her, um selbst den todbringenden Schuss anbringen zu können. Aber Stäcker war auf der Hut, er wägte kalt und nüchtern ab, und seine Befehle kamen bestimmt und schnell. Die beiden Kolosse gaben sich nichts nach, nicht in der Wendigkeit und nicht in der Stärke ihrer Waffen. Sie waren in einer Mulde zusammengestoßen, mitten im Getümmel der rundum flüchtenden Infanteristen, Wagen und Pferde. Und so umlauerten sie sich, schossen, walzten in ruckartigen Bewegungen in andere Schusspositionen. »Feuer!« rief Leutnant Stäcker heiser. Dann sah er, wie die Granate den Feindpanzer zerriss. Doch kurz darauf erwischte es auch Stäckers Kampfwagen. »Raus!« brüllte der Leutnant. Mit einem Ruck stieß er den Lukendeckel auf, zog sich blitzschnell hoch. Dann schwang er sich hinaus, während drüben von dem neu hinzugekommenen T 34 das MG herüberspuckte.

»Weg!« rief Stäcker. Sie rasten seitlich davon, denn jeden Augenblick musste ein neuer Abschuß des zweiten T 34 ihren Panzer zermalmen oder die züngelnden Flammen die Munition erreicht haben. Hintereinander liefen sie geduckt, sich im Qualm ihres getroffenen Panzers haltend, auf das Dorf zu. Aus den Flanken richtete sich plötzlich das MG-und MP-Feuer der Rotarmisten auf sie. »Zu weit ... das Dorf!« keuchte Stäcker. Im gleichen Augenblick krachte eine Explosion auf, und als sie ihre Köpfe dorthin drehten, sahen sie nur Rauch und Qualm, wo eben noch ihr Panzer gestanden hatte. »Weiter!« befahl Stäcker. »Einzeln springen! Bis zum Graben dort!« Er stieß den Arm in die Richtung. Der erste lief los, im Zickzack, und schon bellte wieder ein MG herüber. Aber er schaffte es. Der T 34 bekam plötzlich einen Volltreffer und brannte aus: die 8,8-Flak oben vom Dorf hatte ihn erledigt. Jetzt sah Stäcker auch die Grenadiere, die sich vom Dorf her durch eine langgezogene Mulde herangearbeitet und das MG drüben durch Handgranaten zum Schweigen gebracht hatten. Sie übernahmen jetzt den Feuerschutz der ausgebooteten Besatzung. »Das ging ja noch einmal gut!« sagte der Gefreite Rohleder etwas später zu Leutnant Stäcker. »Wir haben euch zugesehen!« Stäcker nickte und sah dankbar in die Gesichter der Grenadiere, die ihn umstanden. In ihrer Mitte ging er mit seinen Männern durch die Mulde zum Dorf hin. Oberst von Hünersdorff und die Kameraden seiner Kompanie traf Stäcker bereits im Dorf, das inzwischen bis zum letzten Winkel von verstecktem Feind gesäubert worden war.

Pochlebin war um 14.30 Uhr wieder in deutscher Hand. Die 7. Panzerkompanie blieb mit dem II. Bataillon der 114er als Sicherung in der Ortschaft zurück, während das übrige Regiment den Vormarsch nach Majorowskij und Ssemitschnij antrat. Unter den kraftvollen Schlägen der 6. Panzerdivision hatte diese erste, größere Aktion zur Wiedergewinnung der alten deutschen Stellungen um Pochlebin geführt, welche die Grundlage für den Entsatzangriff auf Stalingrad sein sollten. Zudem waren in den vorausgegangenen Kämpfen große Mengen feindlichen Materials vernichtet worden, die zweifellos den späteren Ablauf hätten empfindlich stören können. Zwischen der neugebildeten »Heeresgruppe Don« unter Feldmarschall von Manstein und dem OKW kam es wegen der endgültigen Auffassung und des Termins für den Entsatzvorstoß auf Stalingrad zu Meinungsverschiedenheiten. Jedoch die Kräfte der 4. Panzerarmee unter dem Generalobersten Hoth suchten eifrig alle Voraussetzungen zu schaffen, um Hitler für eine Ausbruchserlaubnis der 6. Armee einnehmen zu können. So wurde der Angriffszeitpunkt vorerst auf den 8. und später sogar auf den 12. Dezember verlegt, in Ungewissheit der Absichten von Generaloberst Paulus und seiner Armee, als auch aus der Tatsache heraus, dass die 23. Panzerdivision, aus dem Kaukasus kommend, noch immer nicht eingetroffen war. Außerdem vermochte sich die Armee-Abteilung Hollidt von dem ständigen Feinddruck am Tschir nicht frei zu machen, ja schließlich mussten später sogar die für Stalingrad vorgesehenen Kräfte zu deren Unterstützung herangezogen werden.

Auf Weisung des OKH (Oberkommando des Heeres) wurde auch die 17. Panzerdivision hinter der Donfront der Italiener ausgeladen, weil dort ein großangelegter sowjetischer Durchbruch drohte, der auch erfolgte. Als die 17. Panzerdivision für Stalingrad frei wurde, war es zu spät. Die Grenadiere der 6. Panzerdivision hatten bereits am 5. Dezember eine Sicherung in weitem Bogen um den Bereitstellungsraum Kotelnikowo bezogen; die Panzerkräfte standen stoßbereit um Ssemitschnaja. Am 11. Dezember fiel die endgültige Entscheidung. Es war der äußerste Zeitpunkt, um ein Unternehmen gegen den Stalingrad-Kessel noch mit einigen Erfolgsaussichten durchführen zu können. Görings Versprechen Hitler gegenüber, die Versorgung der eingeschlossenen 6. Armee mit seiner Luftwaffe durchzuführen, erwiesen sich schon jetzt als grobe Prahlerei. Auch die Gesamtlage an der Südfront rechtfertigte den Angriffstermin als dringend. So blieb also nur der direkte, frontale Stoß entlang der Bahnlinie Kotelnikowo-Stalingrad, der auch der kürzeste Weg war. Allerdings war eine große Zusammenfassung an Feindkräften hier mit Sicherheit zu erwarten. Die größte Frage aber war, ob die zwei Panzerdivisionen (6. und 23.) auch allein die 150 Kilometer zum Kessel schaffen würden. Manstein hoffte auf die 17. Panzerdivision, wenn sie noch rechtzeitig kam. Alle Truppenführer an der Südfront aber rechneten mit Paulus' Hilfe vom Kessel her.

Da Hitler aber darauf bestand, dass Stalingrad gehalten wurde, bot sich nur die Möglichkeit, durch die 4. Panzerarmee einen Korridor zum Kessel zu öffnen. Es war höchste Zeit geworden, loszuschlagen! Von Manstein gab deshalb seine Lagebeurteilung an das OKH durch, das vor allem die großen Feindmassierungen vor seiner Front zur Kenntnis nehmen sollte. »Vier Uhr dreißig!« sagte Unteroffizier Wahrmut und rappelte sich im Dunkeln hoch. Der Gruppenführer stieß die Kameraden an: »Auf! Na, macht schon!« half er lauter nach, um das Gähnen und Murmeln der Männer zu übertönen. Soldatenstiefel trampelten über den gestampften Lehmboden der Kate nach draußen, die Männer verluden ihre geringe Habe auf den Lkw, warfen Packen und Bündel über die Bordwände hinein. »Früh auf den Beinen«, sagt

Wahrmut zum Fahrer, dem Stabsgefreiten Schalk, mit dem er zusammen Rekrut gewesen war. »Nicht meine Schuld«, brummte der schlechtgelaunt, »hatte schon immer was gegen Nachtarbeit!« Aus dem Schatten der Hütten kamen die anderen Gruppen. Es war noch sehr dunkel. Rundum lag satte Schwärze, und nur die gelben Rechtecke der Fenster hoben sich deutlich aus der Nacht. Die gedämpften Geräusche der Front erklangen zeitweise mit dem Grummeln ferner Abschüsse und dem geisterhaften Dahinzischen von Leuchtspurgarben. In großer Höhe, weit über der Wolkendecke, zog ein Flugzeug vorüber, der Richtung zu, wo in Abständen ein heller Lichtstrahl einweisend durch die Finsternis über den Himmel Kreise zeichnete. Irgendwo, ganz weit im Osten, stand der neue Morgen, noch dunkelgrau, aber doch schon erkennbar.

Es war fünf Uhr zehn am 12. Dezember 1942. Der Entsatzangriff auf Stalingrad hatte begonnen! Befehlsgemäß stieß das Panzerregiment westlich von Punkt 129 nach Norden, und von dort drehte es später nach Osten auf Gremjatschij ein. Nach Erreichen der Bahnlinie sicherte der I./11 (I. Abteilung des Panzerregiments 11) nach Norden und Osten, und die II./11 nahm nach kurzem Kampf Gremjatschij. Die I./11 schob sich dann entlang der Bahn auf die Station Nebykowskij vor. Der Angriff rollte zunächst reibungslos. Das wechselseitige Vorstoßen und Sichern der einzelnen Panzerabteilungen, die in breiter Front erfolgende Säuberung von infanteristischen Feindkräften durch das SPW-Bataillon und die Besetzung von Geländeabschnitten durch die Grenadiere, wo Panzer schlecht zum Zug kamen, ließ die für das Unternehmen vorgesehene Aufteilung der Division in mehrere Kampfgruppen als sehr zweckmäßig erscheinen. Rechts der Bahnlinie stieß die 23. Panzerdivision vor, und es gelang auch ihr, Raum zu gewinnen, so dass die russische Front schon am ersten Tag in einer Breite von 30 Kilometern durchbrochen werden konnte. Wider Erwarten erwies sich der Feindwiderstand als nur sehr schwach, obwohl als sicher anzunehmen war, dass den Russen die deutschen Offensivvorbereitungen im Raum Kotelnikowo nicht verborgen geblieben waren. Diese Tatsache ließ in den deutschen Führungsstellen nur den Schluss zu, dass der Gegner die Front um Stalingrad entblößen musste, um eine starke Flankensicherung aufzubauen.

Trotzdem gab es am ersten Vormarschtag Schwerpunkte, wo sich der feindliche Widerstand versteifte. Ein solcher war die Enge bei Nebykowskij, durch die, von Balkas begrenzt, die Bahn nach Stalingrad führte und die auch von den motorisierten Truppen nicht umgangen werden konnte. Feldwebel Schaffer hatte diesen schmalen Geländeeinschnitt, der sich wie ein Tor zum Asskaj-Jesoulowskoij-Fluss und seinen Niederungen ausnahm, gut erkennbar in seinem Doppelglas. Er lag hinter dem Stamm eines Baumes, und er hatte ihn zuerst eine Zeitlang fast wie ein Wunder angesehen, denn in dieser Gegend war ein Baum selten. »Windige Ecke!« stellte er fest. »Wenn die uns hier nicht wie eine Laus zerquetschen, fresse ich das Doppelglas.« »Sind bestimmt genau eingeschossen auf die Straße unten«, meinte Wahrmut, der neben ihm hockte. Missmutig sah er über das dunkle Band da unten, das die Straße war, und die schnurgerade Linie der Bahn, die in der Ferne im Dunst verlief. Schaffer nickte. Auch er besah sich alles ganz genau, prägte sich Einzelheiten ein. Er wusste aus Erfahrung, dass dies oft entscheidend war, wenn es heiß herging. Und dass das hier der Fall sein würde, daran zweifelte er nicht. »Sechs Uhr zehn«, sagte Wahrmut. »Bis die Panzer kommen, müssen wir die Enge haben.« »Ja!« Schaffer betrachtete noch immer den Einschnitt.

Nun erhob er sich, nickte noch einmal, als hätte er genug gesehen. Dann ging er voran, den schrägen Teil der Balka hinab, zum Pfad hin, wo keine hundert Meter weiter hinten die Kompanie wartete. »Bisher ging's gut. Aber hier ...?« »Wir werden ja sehen!« Wenig später hatte Oberleutnant Jung seine Befehle ausgegeben, und die Züge gingen vor. »Balkas hat der Teufel erfunden!« knurrte Wahrmut. Er stapfte wie immer vor seinen Männern her, scheinbar unbeteiligt, aber das täuschte. Seine Sinne nahmen alles wahr. So auch die schwere Kettenspur, die schon einige Tage alt war, wie er sofort feststellte. »T 34«, meinte Hirsch, als Wahrmut ihn auf die Spur aufmerksam machte. »Quatsch! Zugmaschine! Die schmalen Abdrücke dabei sind von einem Geschütz, schätze 12,2-Kaliber!« Hirsch pfiff überrascht. »... Und wie heißt die Frau von dem Geschützführer?« Wahrmut trat absichtlich fest in eine

Pfütze, sodass Hirsch sein Teil abbekam. Plötzlich brüllte ein Artillerieabschuss in den trüben Morgen. Die Männer verhielten unwillkürlich den Schritt, denn es war, als stünde die feindliche Batterie nur wenige Schritte von ihnen weg. Die Züge tauchten in den Bodenwellen unter, schoben sich, gut auf Verbindung achtend, weiter vor. Wahrmut kam, sich hart am Hang haltend, an die Querschlucht. Noch war die Sicht beengt durch die Frühe des Tages und das Wetter, das feucht und schwer war und Schnee versprach. Auch hier waren wieder viele alte Spuren in den Boden gestanzt. Sie werden Sicherungen haben, dachte Wahrmut; Infanterie oder so was. Man musste achtgeben! Ringsum ist eine trügerische Stille, die nichts taugt.

Weiter links drüben und auch rechts von sich hörte er das leise Geraschel der vorgehenden Züge und Gruppen. Wahrmut bückte sich, sah nach links und rechts entlang, gab seinen Männern hinter sich mit dem Arm ein Zeichen, dann spurtete er los ... Für den Bruchteil einer Sekunde sah er den zitronengelben Feuerball rechts von sich, hechtete hin, schlug aufklatschend in eine Pfütze, sprang wieder hoch, hinein ins Gebüsch. Ein röhrender Abschuß hieb hinterher, und drüben bohrte sich die Panzergranate donnernd in den Hang. Auf der anderen Seite drückten sich seine Männer an die Erde. Sie hatten alles mit angesehen. Der Unteroffizier blickte unter den Sträuchern hervor in Richtung des Feindpanzers, den er aber nicht sah. Dafür aber die beiden Gestalten vom Nachbarzug, die lang ausgestreckt und reglos mitten in der Schlucht lagen. Sie hatte die Granate erwischt. Plötzlich war rundum der Teufel los. Wie auf Kommando tackerten feindliche MG von den Hängen, dazwischen das helle Peitschen der MP und die dumpfen Schläge von Handgranaten. Der Feind hatte sich gestellt. Wild feuerte er im Zwielicht längs und quer durch die Balkas, um so das Vorankommen der Angreifer zu verhindern. »Eine miserable Ecke!« meinte Schaffer. »Man weiß gar nicht, aus wieviel Löchern geschossen wird!« Es begann auch noch zu regnen, und zwischen den Tropfen waren große nasse Schneeflocken. Die Landser lagen an der Erde und suchten fieberhaft die MG-Nester im Durcheinander der Längs- und Querschluchten auszumachen.

»Also los!« knurrte Schaffer. Er hatte seinen Plan fertig und ließ die Befehle an die Gruppen durchgeben. Dann stieß er seinen Arm in die Luft. Wahrmut hatte seine Männer gerade mühselig auf seine Seite herübergeschleust, als drüben durch eine Hafthohlladung der Panzer in die Luft ging. Nun setzten die Grenadiere hinter Wahrmut her. Es ging steil bergan, durch nasses Gras, über seifig-glatten Boden, dann wieder zwischen nacktem, verwittertem Fels mit Schrunden und Vorsprüngen. Überall Sträucher, ein Gewirr von welken, langstieligen Grasbüscheln, drinnen Schneereste, Wassertümpel, Eisfladen und Sumpf. In Schützenkette, mit Sichtabstand, nahmen sie die Steigung. Die roten Feuerpunkte setzten jäh von schräg rechts oben ein. Das Tacken des russischen Maxim-MG klang greifbar nahe. Die Geschosse zischten über die Köpfe der Männer hinweg und säbelten das Strauchwerk um. Wahrmut und die anderen lagen flach. Der Unteroffizier hatte genau den Punkt im Auge, wo der Feuerstoß hergekommen war. Seine Leute gaben ihm Feuerschutz. Hirsch strich mit dem MG hinüber. Der Gruppenführer kletterte, den Körper immer dicht an der Erde, rasch den Fels hinan, eine Handgranate wurfbereit in der Faust. Das MG von Hirsch hielt das russische noch immer nieder. Wahrmut arbeitete sich nach vorn. Noch ein Felsgrat vor ihm, nicht allzu hoch, wie poliert von der Nässe, ein Haufen von aufgeschichteten Steinen. Darüber zog sich der Hang noch höher hinauf, sich im Grau des Morgens verlierend. Dort ist es, dachte Wahrmut, dort, wo die Steine sind!

Er lag auf der Seite, die MP im Gras, schraubte die Kappe an der Stielhandgranate ab, fühlte zwischen den Fingern die Schnur mit dem Porzellanknopf, während er unentwegt nach oben sah. Plötzlich schoss das »Maxim« wieder. Wahrmut riss ab, sprang hoch, warf... Die zweite Handgranate hinterher! Oben brüllten die Detonationen auf, als Wahrmut schon die wenigen Meter hinaufhastete. Das MG war umgeworfen, zwei Mann der Bedienung lagen am Boden. Die Männer warfen nur kurze Blicke darauf. Weiter ging's, den Hang hinauf. Von den Seiten her kleckerten Schüsse aus Schnellfeuergewehren und Maschinenpistolen, deren Wirkung sich aber im zerklüfteten Gelände verlor. Schaffer und die anderen Gruppen waren bereits nachgezogen. Nur der aufflackernde Gefechtslärm hatte ihr Vorgehen vermuten lassen, und nun hatten sie auf dem

Westhang drüben die ersten Leuchtkugeln geschossen. Es ging voran. Die feindlichen Widerstandsnester wurden nacheinander ausgehoben. Aber noch lag eine ziemliche Strecke vor ihnen, bis sie den Gipfelpunkt des westlichen Teiles der die Enge beherrschenden Anhöhe erreicht haben würden. Sie erhielten fast nur Infanteriebeschuss. Durch das unübersichtliche Gelände waren die Grenadiere mit dem Feind so eng verzahnt, dass eine Unterstützung durch schwere Waffen sinnlos war, wollte man nicht die eigenen Leute gefährden. Umso verbissener fochten die russischen Infanteristen in ihren Löchern. Das machte das Vorankommen äußerst schwer. Wie zum Trotz schoss auch die feindliche Batterie wieder.

Sie musste ganz in der Nähe sein. Das Rauschen ihrer Granaten huschte dicht über die Hänge dahin, nach Südwesten. »6 Uhr 55!« sagte Oberleutnant Jung. »Schneller!« In neuem Anlauf gingen die Grenadiere vor. Das Gelände blieb sich immer gleich. Es war ein schmaler Kessel, ringsum die Hänge mit den Sträuchern und den fahlen, freien Schneefeldern. Wie ein glatter Deckel hing der graue Himmel darüber. »Die Batterie!« sagte Jung. »12,2-Kaliber!« Durch sein Glas sah er sie hinter den Regenschnüren wie hinter einem Gitter. Emsig sprangen dort die Männer der Bedienung umher und schleppten Munition, sie von getarnten Stapeln wegholend, die am Rand der Feuerstellung an den Hängen sichtbar waren. »Ob die wirklich so ahnungslos sind, wie sie tun?« fragte der Bataillonsadjutant, Leutnant Renner. »Glaube ich nicht. Aber was sollen sie machen?« Das wusste der Adjutant auch nicht. Ein direkter Beschuss kam hier für die Batterie kaum in Frage. »Sicher haben sie die Zugmaschinen zu weit weg stehen!« sagte Jung. »Wir heben sie aus!« Wenige Minuten darauf ging die Kompanie von Oberleutnant Jung die Feuerstellung an. Es geschah schlagartig. Schüsse und Detonationen brüllten auf, rasendes Feuer kam aus dem Buschwerk, klatschte auf Steine, schlug ins Gras, in die Tümpel, sirrte über die Hänge fort. Die deutschen Grenadiere nahmen den Hang zum Plateauder Feuerstellung. Überall waren für Augenblicke ihre grauen Gestalten sichtbar, wenn sie durch die Lücken des halbhohen Bewuchses sprangen.

»7 Uhr 30«, sagte Oberleutnant Jung, als sie oben auf der Höhe waren. Eine Leuchtkugel stieg pfeifend in den Himmel, ein Zeichen für die unten bereits wartenden motorisierten Einheiten, dass die Enge genommen war. Mit donnernden Motoren ging es zum Aksaij hinunter. Bereits um 8.30 Uhr standen, bei nur geringer Feindberührung, die Spitzen der Kampfgruppe Hünersdorff sechs Kilometer vor Werchne Jablotschnij. Das II./114 wurde auf den Ort angesetzt, und von Süden her sollte die Gruppe Unrein mit dem Panzergrenadierregiment 4 vorstoßen. Schon um 13.30 Uhr war der Ort genommen. Hünersdorff richtete den Stoß seiner Gruppe sofort auf Tschilekoff, das jedoch erst bei Einbruch der Dunkelheit erreicht werden konnte. Die Gruppe Quentin, vorwiegend aus der Aufklärungsabteilung 6 bestehend, hatte Tschilekoff bei geringem Widerstand bereits genommen. Für die motorisierten Teile war die vor dem Ort gelegene, kaum umgehbare Balka durch vollkommene Vereisung ein schweres Hindernis, das viel Zeit raubte. Der erste Angriffstag lag hinter den Einheiten der 6. Panzerdivision. Das Tagesziel, die Erzwingung der Aksaij-Übergänge, war nicht erreicht worden, und diese Absicht sowie die Einnahme von Klykoff und Saliwskij und die Erstürmung der Höhen nördlich davon waren deshalb als Ziel für den kommenden Tag vorgesehen. Im Führungsstab der Division herrschte eine gewisse Unsicherheit über die Einschätzung der gegenüberstehenden Feindkräfte. Die Gruppe war kaum auf nennenswerten Widerstand gestoßen, Hünersdorff hatte einen Panzer-Raid gegen Tschilekoff gefahren, das Quentin fast feindfrei nehmen konnte.

Was war los? Hatten die Russen ihre Hauptkräfte hinter den Asskaj zurückgenommen? Und wenn, warum? Der morgige Tag würde Gewissheit bringen! Es wurde bitter kalt. Die Nässe schuf Eis. Frierend erwarteten die Landser den nächsten Morgen. Bereits um 4 Uhr hielt Oberst von Hünersdorff die Befehlsausgabe. »Da die Spitzen der 23. Panzerdivision nicht bis in Höhe von Tschilekoff vorstoßen konnten, haben wir beim weiteren Vorgehen rechts der Bahnlinie eine offene, gefährliche Flanke. Nach Rücksprache mit der Division übernimmt deshalb die Gruppe Quentin den Abschnitt rechts der Bahn zur Sicherung. Die Gruppen Unrein und Zollenkopf treten um 5 Uhr 15 links gestaffelt an. Das Panzerregiment tritt um 5 Uhr an.« Der Oberst schwieg einen

Augenblick lang. Dann gab er die Einzelheiten für den Angriff bekannt, die er an Hand der Karte erläuterte. 13. Dezember 1942, 5 Uhr morgens. Die Panzermotoren brummten los. Bereits in der Nacht waren Treibstoff, Munition und Verpflegung übernommen worden. Um 5.20 Uhr war der Bahnknick bei Birjukowskij erreicht, wo sich überraschend Feindpanzer zeigten, die sich aber zurückzogen. Von der Gruppe Quentin, rechts der Bahn, kamen Hilferufe wegen angreifender Feindpanzer. Hünersdorff konnte nicht helfen, er war in Zeitdruck, stieß weiter auf Saliwskij vor. Wider Erwarten traf er kaum auf Feind, und auch die Brücke über den Aksaij in Saliwskij war nur schwach besetzt, aber in schlechtem Zustand. Als Hünersdorff sie in seinem Befehlspanzer passierte, brach sie ein.

Alle Abschleppversuche blieben erfolglos. Drüben stand schon die I./11., hüben noch die II./11. Der für Werchne Kumskij vorgesehene geschlossene Angriff des Regiments war somit in Frage gestellt. Als Stukas den Ort angegriffen hatten, trat Oberst v. Hünersdorff mit der I./11. allein an. Um 12 Uhr war Werchne Kumskij genommen. Aber die beschädigte Brücke machte jede weitere Unternehmung zunichte. Es war für alle unfassbar: Hünersdorff war in sieben Stunden mehr als 25 Kilometer vorgestoßen, hatte den Aksaij überschritten und einen 10 Kilometer tiefen Brückenkopf gebildet; aber die Masse der Division und auch die 23. Panzerdivision hingen weit zurück. Wo aber blieb der Russe? Wo die berühmte 3. sowjetische Panzerarmee? Die I./11. jenseits des

Aksaij musste jedenfalls gesichert werden. Sofort in Marsch gesetzte Teile des Pionierbataillons mussten eine neue Brücke bauen, die Kampfgruppe Unrein hatte Sicherungsaufgaben am Aksaij zu übernehmen und die Gruppe Zollenkopf in der Flanke. Die II./11. wurde vom Divisionskommandeur, Generalmajor Raus, der 23. Panzerdivision zu Hilfe gesandt, weil diese mit starken feindlichen Panzerkräften zu kämpfen hatte. Dadurch gelang es dieser Division noch am gleichen Tag, ebenfalls den Aksaij zu erreichen und dort zwei Brückenköpfe zu bilden. Damit war auch die Flanke der 6. Panzerdivision vorerst ausreichend gesichert.

In jedem Fall aber war mit starken feindlichen Angriffen auf Saliwsky und Werchne Kumskij zu rechnen, weshalb diese Abschnitte noch entsprechend verstärkt werden mussten. Am 14. Dezember, 6 Uhr, war die Brücke unter Feindbeschuss fertiggestellt worden. Sofort befahl die Division die Verstärkungen für den Brückenkopf nach vorn. Gleichzeitig wurde eine starke Aufklärung durch die Kradschützen Abteilung für die Orte Gromosslowka, Schabalinskij, Nowo Akssaisskij angesetzt. Bereits in den frühen Morgenstunden des gleichen Tages griff der Gegner an; mit Panzern und Infanterie drückte er heftig gegen Saliwskij und Werchne Kumskij. Der Ort Wodjanskij, auf den das Bataillon Remlinger den zweiten Angriff ansetzte, konnte nicht genommen werden. Die von der Division erbetene Panzerunterstützung für das zweite Unternehmen musste Hünersdorff ablehnen, da er selbst durch Aufklärung starke

Panzerkräfte im Anmarsch auf Werchne Kumskij gemeldet bekommen hatte. Zum ersten Mal seit Tagen setzte der Gegner zahlenmäßig sehr starke Panzerkräfte an. Die anrollenden Panzerpulks waren, wie durch spätere Gefangenenaussagen bekannt wurde, die Spitze der erwarteten 3. sowjetischen Panzerarmee, unterstützt von den versprengten Teilen der bei Kotelnikowo geschlagenen 85. Panzerbrigade. Um 9 Uhr kam Oberst von Hünersdorff in Werchne Kumskij an, als gerade die Annäherung von Panzern mit Infanterie von Norden her gemeldet wurde. Sofort setzte er die I./11 frontal zum Gegenangriff an. Die Abteilung konnte den Feind kurz darauf werfen und wurde sofort weiter auf Sogotskot angesetzt, das ebenfalls vom Gegner besetzt worden war. Kurz vor Mittag traf das erwartete II. Panzerregiment 11 in Werchne Kumsky ein.

Hünersdorff hatte das Regiment wieder vollzählig beisammen. Er entschloss sich sofort, Werchne Kumsky südlich umgehend, die feindlichen Panzer in offener Schlacht zu stellen, und fuhr deshalb nach Sogotskot. Nicht nur in diesem Abschnitt, auch bei der 23. Panzerdivision, am Aksaij, griffen die Russen verstärkt und laufend an. Suchten sie eine Entscheidung? Machten sie ernsthafte Anstalten, den Entsatzvorstoß auf Stalingrad nun endgültig zu bremsen? Alle Anzeichen ließen darauf schließen. Die führenden deutschen Stellen rechneten mit bevorstehenden harten Kämpfen. Es waren einleitende Vorgefechte zu einer der größten Panzerschlachten des Zweiten Weltkrieges, die fast drei Tage andauern sollte und bei der etwa 200 deutsche Panzer gegen 300 bis 400 feindliche standen. Diese Schlacht in der Kalmückensteppe – übrigens ein vorzügliches Gelände für Panzeroperationen, auch nachts – war fast eine reine Panzerschlacht, die lange unentschieden blieb. Erst zum Ende hin zeigten sich die Deutschen überlegen. Leutnant Stäcker und seine Männer hatten wieder einen Panzer. Sie schliefen. Eben waren sie mit der nachgezogenen II. Panzerabteilung in Werchne Kumsky eingetroffen und noch müde von der Nachtfahrt. Die Tür wurde aufgerissen. »Panzeralarm!« rief ein Posten. Weg war er wieder. Stäcker und seine Männer sausten von den Decken hoch, die sie auf der Diele ausgebreitet hatten, und stürzten nach draußen.

Die harten Abschüsse von Panzerkanonen kamen aus der Ebene herüber. Irgendwo zwischen den Katen dröhnten die Einschläge. Panzermänner in ihren schwarzen Uniformen rannten an den Hauswänden entlang zu ihren Wagen, Fahrzeuge quälten sich im Vollgas durch die tiefen Gleise der Straße, und Grenadiere, in Reihe an den Seiten stapfend, zogen zum Ortsrand hin in Stellung. »12 Uhr 10«, sagte Leutnant Stäcker, als sie im Verband der Abteilung aus dem Ort fuhren und sich sofort im Breitkeil zur Ebene hinschoben. Endlos dehnte sich die Weite, und der Schnee glänzte im fahlen Sonnenschein, der sich zaghaft durch die weißen Wolken stahl. In der Ferne lag Dunst, der sich als dichter Schleier vor den Horizont hängte. Weit rechts zeigte sich der flache Hang einer Balka, die ebenfalls in den

Nebel auslief. Die Motoren stampften eintönig. Das leichte Schaukeln weckte das Bedürfnis nach Schlaf, aber immer wieder meldete sich die Kompanie im Kopfhörer von Stäcker und gab ihre Befehle durch. Das letzte Mal, so fiel Stäcker ein, hatten sie ausbooten müssen, und es hatte verdammt windig ausgesehen, aber sie hatten Glück gehabt. Jetzt nahm er sich vor, dass es nicht mehr geschehen dürfe. Und er spürte, wie bei jeder neuen Fahrt, das prickelnde Gefühl der Gefahr des Kampfes, der dicht bevorstand. Hoffentlich kamen sie noch zurecht. Der 1. leichte Zug hatte aus Sogotskot Hilferufe gesandt, weil er von einem Rudel T 34 angegriffen wurde. Stäcker kannte das Gefühl, wenn die anderen in der Überzahl waren und man von ihnen gehetzt wurde. Gleichmäßig verrannen die Minuten.

Draußen waren immer der gleiche Schnee, das gleiche öde Gelände. Dann sah er drüben, ganz klein und weit, das Dorf Sogotskot. Die grauschwarzen Hütten drängten sich in einer sanften Mulde zusammen, die sich dann der Steppe anglich. Stäcker riss den Blick vom Dorf los und sah überrascht nach vorn. Erst jetzt merkte er, dass sie einen langen, flachen Hang hinunterfuhren, der sich im Schnee kaum merklich abzeichnete. Was war das? Der Leutnant rieb sich die Augen, als hätte er ein Trugbild vor sich. Panzer! Vielleicht 1.000 Meter entfernt standen sie in der Mulde, weiß angestrichen wie sein eigener, mit großen, schwarzen Nummern an den Türmen. Hastig zählte er: etwa 40 Stück! Gestalten saßen auf den Panzern und standen darum herum. Die von der 23. Panzerdivision, dachte Stäcker. Und schon kamen ähnliche Vermutungen auch von den anderen Zügen durch Funk. Aber... sie hatten keine Kuppeln auf den Türmen ... und da waren auch die seltsam langen Kanonen! Eine Zeitlang herrschte Unsicherheit. Selbst die Abteilung war sich noch unklar. Die dort drüben machten einen so sicheren Eindruck. Immerhin mochten bei dem schnellen Wechsel der Fronten noch nicht gemeldete Einheiten der 23. Panzerdivision hier sein. Noch 600 Meter. Plötzlich sprangen die Gestalten drüben in die Panzer. Zwei Wagen scherten vorn Verband aus und kamen angefahren. »Achtung!« rief die Abteilung. »Russen ...! Feuer frei!« Die heranwagenden Russenpanzer schossen bereits im Fahren, ohne jedoch zu treffen. In wilden Bewegungen schaukelten sie weiter. Das Rudel hinter ihnen machte eilige Anstalten, in Gefechtsformation zu kommen.

Die in Front stehenden Kampfwagen der Abteilung schossen fast gleichzeitig. Mit lautem Krachen barsten die beiden feindlichen Spitzenpanzer auseinander. Hinter ihnen peitschten andere Granaten in den sich entwickelnden Gegner. Berstende Stahlwände, explodierende Munition und der gewaltige Donner der einschlagenden Granaten waren das Ende des feindlichen Pulks. Aus den noch immer dicht gedrängten Panzern stiegen schwarzgelbe Öl-Fahnen mit aufstechenden Flammensäulen als dicker Brodem gegen den Himmel. In schneller Fahrt kamen noch einige der T 34 aus dem Getümmel davon, schaukelten den jenseitigen Flachhang hinan und versuchten wegzukommen. »Feuer!« rief Stäcker. Ein Feuerblitz zuckte drüben auf, und wieder zerbarst einer der Panzer. Und wieder einer. Noch einer! Am Hang lagen die Reste, Stahl und Eisen im flackernden Feuer verglühend. Große Fackeln, die weithin sichtbar leuchteten. »Abteilung ... marsch!« kam es durch Funk. In schneller Fahrt zogen die Kompanien nach einer schnellen Rechtswendung die Mulde entlang. Vorn suchten die wenigen Feindpanzer, die dem Überfall entkommen waren, sich durch rasche Fahrt in eine Balka zu retten. Es war eine wilde Jagd. Vorn die schaukelnden Kästen, die in höchster Fahrt davonstoben, und dahinter die stürmende deutsche Abteilung, abwechselnd auf die Flüchtenden schießend.

Immer wieder stand einer der T 34 ruckartig still, wenn eine Granate ihn jäh stoppte, oder flog mit lautem Bersten in die Luft. Die Abteilung schwärmte aus, so dass keiner entkommen konnte. Dann donnerten noch einmal die Kanonen in die Balka hinab, und es gab keinen T 34, der diesmal entrinnen konnte. In der Schlucht bei Sogotskot wurden 36 zerschossene, ausgebrannte T 34 gezählt. Die Abteilung selbst hatte nur einen Panzer verloren. Es war gegen 15 Uhr, als der Zug von Leutnant Stäcker nordostwärts von Werchne Kumskij den Sicherungs-und Aufklärungsauftrag bekam, anrückende Feindpanzer hinhaltend zu bekämpfen und sofort durch Funk Meldung an den Gefechtsstand von Oberst Hünersdorff in Werchne Kumskij zu geben. Die Sonne war fort, aber ihr fahles Leuchten durch die dichte Wolkendecke lag immer noch im sanften, matten Glanz des Schnees. Es frischte auf; der leichte, aber stetige Wind kam aus Osten. Drüben im Westen zeigten sich die ersten Schatten der frühen Dämmerung. Der Zug hatte einige Minuten gehalten. Die Männer versuchten in der Enge der Wagen die Beine und Arme ein wenig auszustrecken, was aber schlecht gelang. Inzwischen beobachtete Stäcker den Horizont. Die Steppe war leer. Hin und wieder bekam er einen der abgeschossenen T 34 zu Gesicht, die verstreut im Gelände lagen, in ihrem Tarnanstrich manchmal schwer auszumachen. Nur dort, wo die Flammen die Wracks verschmorten, waren die dunklen Flecken gut im Weiß des Schnees zu erkennen. Dieses Land hat keine Begrenzung, dachte Stäcker. Es hat keinen Anfang und kein Ende, es ist alles gleich.

Und dabei war man erst ein winziges Stück in dieses Land eingedrungen, das hinter dem Ural seine größte Ausdehnung hatte. Was wusste man schon davon? Schon 1941 glaubte man nach den ungeheuren Verlusten des Gegners in den Kesselschlachten, dass Russland besiegt wäre, und Hitler schürte diesen Glauben. Dann hatte es vor Moskau das erste böse Erwachen gegeben, und jetzt – Stäcker konnte dieses böse Gefühl nicht loswerden - schien sich um Stalingrad eine ähnliche, noch größere Katastrophe anzubahnen. Unwillkürlich sah er in die Richtung, in der er Stalingrad vermutete. Ob sie es noch schaffen würden, die 6. Armee zu befreien? Waren es noch 150, noch 100 oder bloß noch 60 Kilometer? Stäcker wusste es nicht. Er war nur ein kleiner Leutnant und besaß Kenntnisse über den taktischen Einsatz seines Zuges, der Kompanie, mehr aber nicht. Aber er würde fragen, nahm er sich vor, wie weit es noch bis Stalingrad war, ungefähr wenigstens. Dann konnte er sich schon eher ein Bild machen, wie lange... Er starrte durch die Optik. Ganz fest drückte er die Augen an die Gummipolsterung und drehte am Okular ... Kein Zweifel! dachte er verwirrt, sowjetische Panzer! 40... 43... 45... 48, 49, 50 ... 54! »Panzer gesichtet!« rief er laut. »54 Panzer bewegen sich von Punkt 114 nach Südwesten auf Werchne Kumskij zu!« Der Funker nahm die Meldung sofort auf und gab sie an das Regiment weiter. »Anfrage an Regiment!« rief Stäcker wieder. »Standort weiter beibehalten, oder angreifen!«

Er sah die lange Reihe des Gegners, die in Abständen verhielt, bis sie wieder aufgeschlossen hatte und dann weiterfuhr. Ein gewaltiger Anblick, gestand er sich ein, diese Ansammlung von Kraft und Masse, die sich gelassen und ihrer selbst bewusst dort drüben bewegte. Ob sie uns bemerkt haben? Es war nichts da, was Deckung gegeben hätte. Kein Baum, kein Strauch, nichts als braunwelkes Gras unter der dünnen Schneedecke. »An Ausgangspunkt zurück!« befahl plötzlich das Regiment, durch Funk. Der Leutnant nickte, ohne den Blick von den Panzern zu lassen. Mechanisch gab er seine Befehle. Aber es war schon zu spät... Drei Panzer scherten aus, kurvten eckig nach rechts herum und kamen frontal herangedonnert, die aufgerührten Schneefontänen über das Heck hinauswerfend. Stäckers Hirn arbeitete fieberhaft, alle seine Sinne suchten eine Entscheidung, die richtige Lösung im Anblick dieser Übermacht! Die Entfernung betrug noch knapp tausend Meter. Seine 7,5cm-Panzerkanone war auf diese Entfernung dem T 34 ebenbürtig. Doch da war der Befehl des Regiments! Und der galt! Aber die russischen Panzer waren schon bedenklich nahe. Jeden Augenblick konnte der erste Schuss fallen. Entschlossen riss Stäcker den Lukendeckel auf, zwang sich höher, bis er mit Kopf und Schulter hinaussehen konnte, dann winkte er den Russen zu. Die Sekunden währten eine Ewigkeit, und noch immer zogen die drei drüben ihre Bahn heran. Stäcker biss sich auf die Lippen, einen Moment zweifelte er am Erfolg seines Tricks. Er war schon nahe daran, »Feuer!« zu rufen.

Er sah ganz deutlich die schweren, breiten Ketten, den gedrungenen Turm mit der 15 cm dick gepanzerten Blende, die lange 7,62-cm-Kanone, die schräge, breite Wanne ... Dann drehten wie auf Kommando die drei Panzer nach links herum, und in langer Schleife fuhren sie zum Rudel zurück. Aus einer der Luken wehte zum Gruß ein Taschentuch hervor! Stäcker blies laut die Luft aus. Zerstreut wischte er sich über das Gesicht. »Das war haarscharf!« keuchte er. »Hätten wir nicht die 7,5cm-Kanone, hätten sie die List gemerkt!« Der Leutnant sah dem Pulk noch eine Weile nach, dann gab er den Befehl: »Zurück nach Werchne Kumskij!« _ Auch die Besatzungen der anderen Panzer hatten ungefähr mitbekommen, welch ein Husarenstückchen sich eben ihr Zugführer geleistet hatte. »Halt!« brüllte Stäcker plötzlich. Zuerst konnte es sein Verstand gar nicht fassen, dass sich jetzt fast das gleiche Bild auch wieder auf der Westseite bot: sowjetische Panzer! Der Verband war sogar noch stärker als der andere, und auch er hatte die Richtung auf Werchne Kumskij! »Donnerwetter!« stieß der Leutnant hervor. Im Nu wussten sein Zug und auch das Regiment davon. Stäcker war verdutzt: Sollte er sich getäuscht haben? Aber er hatte doch eben erst dem Verband zugewinkt, der nach Süden gezogen war... und nun erblickte er einen dritten Pulk, bestehend aus T 34, KW-I- und KW-II-Panzern, die ebenfalls mit Südkurs fuhren!

Wieder ging eine Meldung an das Regiment ab. Stäckers Blick wanderte von links nach rechts, vor und zurück. Soviel er aber auch beobachtete und überlegte, immer war dort ein anderer Panzerschwarm, der sich ihm zeigte. »An Regiment: Bitte um Befehle oder Unterstützung!« rief Stäcker. Beim Anblick dieser Massen, in deren Mitte sich sein Zug befand, gab er sich keine Chance mehr, wenn es zum Kampf kommen sollte. »Hilfe unmöglich! Regiment bereits im Kampf!« hieß kurz darauf die Antwort. »Jetzt ist gleich Matthäi am Letzten!« fluchte Stäcker. Ein einziger Zug gegen eine ganze Phalanx von solchen Kolossen! Stäcker versuchte es nochmals mit der List. In Schlenderfahrt zockelten seine Wagen zwischen den feindlichen Panzerschlangen dahin, genau auf Abstand achtend, in der Hoffnung, nahe beim Dorf das deckungsreichere Gelände zu erreichen, wo sie verschwinden konnten. Und rechts und links die sowjetischen Tanks, eine eherne Eskorte, die sich im Augenblick noch ruhig verhielt. Die Motoren tuckerten gleichmäßig, die Steppe rann unter den Ketten weg. Es waren qualvolle Minuten. Sie kamen! Endlich eine Entscheidung! Vom nördlichen Verband zogen sechs Panzer heraus und kamen schräg von hinten an. »Achtung! ... Feuer frei!« rief Stäcker. Die Wagen ruckten um 180 Grad herum und stellten sich dem Gegner. Die Russen schossen bereits im Fahren. Die gelben Abschussfeuer stachen grell in die bereits eingetretene Dämmerung. Doch sie trafen nicht. »Feuer!...Feuer!« Fauchend fraßen sich die Granaten drüben in den Gegner. Zwei T 34 standen in Flammen.

Die anderen zogen seitlich hinüber. Vom Pulk kam Verstärkung herbei. In wilder Hast ruckten die Panzer des Zuges Stäcker zum schnellen Absetzen wieder herum und donnerten eine Mulde hinab, die sich unweit zum Schutz anbot. Aber nicht alle schafften es. Einige Wagen gingen in den Treffern der feindlichen Übermacht unter. Die überlebenden Besatzungen jagten einzeln in Deckung. Stäckers Panzer erzitterte heftig. Im Unterbewusstsein hatte er den dumpfen Schlag gehört. Nun stieg ihm stickiger Rauch in Augen und Lungen, dass er kaum zu atmen vermochte. »Raus!« Es ging um Sekunden! Mit aller Macht riss er die Luke auf, warf sich hinaus, wo ihm die frische Luft entgegenschlug. Dann war er unten. Hinter ihm kamen die Männer seines Wagens herabgesprungen, sich ebenfalls neben dem Panzer geduckt in Deckung werfend. MP-Garben prasselten gegen die Panzerung, sausten sirrend schräg davon. »Russen! Dort!« rief Stäcker. Nun sahen sie alle die Rotarmisten, die sich durch die Balka heranarbeiteten, wo die Panzermänner in ihren schwarzen Uniformen auf dem Schnee gut auszumachen waren. Der Leutnant sah sich um. Er war überrascht – die meisten Leute seines Zuges waren beisammen. Schnell gab er seine Befehle, und sie gingen im niederen Strauchwerk gegen die Russen vor. Sie mussten durch und durften keine Zeit verlieren, denn jeden Augenblick konnten neue Feindpanzer auftauchen. Stäcker rannte über glatte Eisfelder, durch Büsche und Löcher, und feuerte im Laufen mit der Maschinenpistole. Hinter ihm kamen keuchend die Männer. Dann waren sie durch. Ein Teil der Rotarmisten ergab sich.

Stäcker ließ ihnen nur die Waffen abnehmen, die sie jetzt selbst gut gebrauchen konnten. In großer Eile hetzten die ausgebooteten deutschen Panzerbesatzungen den Hang der Balka hinauf, um über die Steppe nach Kumskij zu kommen, das bereits in Sichtweite lag. »Wir teilen uns!« rief der Leutnant »Feldwebel Haas, nehmen Sie einen Teil der Leute. So im Haufen kommen wir nicht weiter! Viel Glück!« Der Feldwebel nickte, machte ein Zeichen mit der Hand, und ein Teil der Leute stapfte hinter ihm her. Nur wenige hundert Meter entfernt bewegte sich der eine der feindlichen Panzerverbände aus Norden auf das Dorf zu. Stäcker und die anderen sahen den Trupp des Feldwebels, wie er sich nach und nach immer weiter in die Steppe hineinzog, bis er in einer Mulde verschwunden war. Es dämmerte schon, aber noch immer war die Sicht ziemlich gut, denn der Schnee leuchtete. Von Kumskij drüben geisterten Leuchtkugeln in gleißender Bahn gegen den Horizont ein, wo die Flammen brennender Panzer und Hütten aufzuckten und die Steppe glutrot war vom Widerschein der Feuer. Fast pausenlos krachten die Panzergranaten und gaben Zeugnis von dem erbarmungslosen Kampf, der sich in und um das Dorf abspielte. Der Leutnant lag auf dem Bauch im Schnee, das Glas vor den Augen, und sah nach Kumskij hinüber. In seinem Blickwinkel gewahrte er noch den in südlicher Richtung fahrenden feindlichen Panzerverband, der sicherlich später auch auf das Dorf zustoßen würde.

Er haderte mit seinem Schicksal, das ihm zum zweiten Mal den Panzer genommen hatte, so dass er jetzt den bedrängten Kameraden in Kumskij nicht helfen konnte. Zudem war seine eigene Lage mehr als bedenklich, und wenn nicht bald die Dunkelheit kam, dann hatten sie kaum noch eine Gelegenheit, hier herauszukommen. Im Glas sah er von Norden den anderen Pulk heranziehen. Die eigenen abgeschossenen Wagen brannten nur noch mit kleinen Flammen, in denen die letzten Reste verglühten. »Zum Teufel!« fluchte Stäcker, und es war in diesen zwei Worten alles drin, was er an Hoffnungslosigkeit, Wut und Ärger über sein und seines Zuges Schicksal empfand. Zornig ließ er das Glas am Riemen gegen die Brust schlagen, richtete sich hoch: »Los jetzt! So oder so!« Panzerabschüsse donnerten über die Steppe und schlugen irgendwo ins Grau.

»Der Feldwebel!« sagte einer. »Aus!« Geduckt standen die Männer um Stäcker und starrten in die Steppe hinaus. Ganz klein nur, aber gut zu erkennen, liefen dort Gestalten durcheinander, rotteten sich zusammen, rannten wieder auseinander, hasteten einzeln nach rechts hinüber, anscheinend in Richtung auf Kumskij. »Da! Die Panzer!« stieß einer hastig und erregt hervor. »Sie verfolgen sie, kreisen sie ein! Arme Kerle!« Gebannt verfolgten Stäcker und seine Leute das Schicksal der Kameraden, die von einer Anzahl russischer Panzer verfolgt wurden, sich hinwarfen, wieder hochsprangen, um ihr Leben rannten.

Einige blieben stehen. Stäcker beobachtete durch das Glas, das er schnell wieder vor die Augen gerissen hatte, wie sie die Arme hoben und warteten. Er sah wieder weg, weil es ihn schmerzte, was sich nur wenige hundert Meter weiter drüben abspielte und wobei er nur hilfloser Zeuge sein konnte. »Jungs!« sagte er, »das gleiche kann uns auch passieren. Wer glaubt, dass er nicht mehr mitmachen kann ... oder will... ich ergebe mich jedenfalls nicht! Los jetzt!« Der Leutnant wandte sich, geduckt rennend, in die Steppe hinaus. Etwas auseinandergezogen kamen die anderen hinter ihm her, die russischen Beutewaffen in den Händen. Sie alle waren fest entschlossen, sich durchzuschlagen. Wie Schatten huschten sie dahin. Der Schnee knirschte leicht im Frost, der mit der Dämmerung eingesetzt hatte. Stäcker hielt sich etwas nach rechts, dem brennenden Horizont zu. Seine hohe Gestalt reckte sich zuweilen vor dem roten Hintergrund wie ein Scherenschnitt, wenn er sich orientierte. Eine ganze Weile trabten die Männer dahin. Und immer noch schien das Dorf so weit wie vorher. Einige fingen an zu ermüden, fielen in Schritttempo. »Panzer sind hinter uns!« rief einer. Alle Köpfe fuhren herum. Tatsächlich! Da kamen drei T 34! Und da war auch schon der erste Schuss. Krachend schlug die Granate vor ihnen ein. Sie warfen sich auf die Erde. »Auseinander!« brüllte Stäcker. Er spurtete bereits wieder, rannte im Zickzack, einige hinter ihm her. Andere liefen nach links hinüber, manche warfen sich hin. Krach! Die nächste Granate hieb ein. Alles rannte auseinander, weg, nur fort.

Der Leutnant sah sich im Laufen um, sie waren nur noch zu dritt. Die anderen hatten sich in der Weite verloren. Weiter! Die Lungen keuchten, der Atem flog, sie schwitzten, taumelten, rissen sich fort. »Panzer!« stieß Stäcker wie gelähmt hervor und verhielt mit einem Ruck. Müde stieß er den Arm nach vorn. Aber auch die beiden anderen hatten die zwei Panzer schon gesehen, die direkt von vorn auf sie zukamen. Sekundenlang spürten sie nur die Müdigkeit, die sie jetzt voll ausfüllte. So starrten sie fast unbeteiligt den Kolossen entgegen, als ginge sie das alles nichts mehr an. Die Feuerpunkte eines MG sprangen heran. Wenige Meter vor den Männern bohrten sich die Geschosse ein. Automatisch ließ sich Stäcker nach der Seite fallen, riss die Kameraden mit sich nieder. »Liegenbleiben! Totstellen!« brüllte er dabei. Blitzschnell verstanden die beiden. So, als hätte sie die Garbe hingestreckt, verharrten sie regungslos im Schnee. Unter sich spürten sie deutlich das Zittern des Bodens, als die Panzer näher heranwalzten. Der Schnee lag kalt an ihren heißen Gesichtern, an den brennenden Fäusten, die sich fest zusammenballten. Drei Augenpaare stierten in den Schnee, und alle Sinne waren nur auf das fürchterliche Stampfen gerichtet, das immer näher kam, immer näher ... Das Gebrüll der Panzermotoren schien den Schnee wegzufegen, die Erde aufzureißen. Das Donnern zitterte im Boden und in den Körpern der Männer, die einfach dalagen und sich abquälten, die geringste Bewegung zu vermeiden. Leutnant Stäcker lag günstig; er öffnete die Augen einen winzigen Spalt und sah hin zu den Panzern, die er riesengroß schräg über sich hatte. Knapp 30 Meter, schätzte er. Sie verhielten.

Einer kam allein näher, direkt auf Stäcker zu. Der Leutnant atmete ganz flach, damit sich sein Rücken nicht bewegte, und stierte das Ungeheuer an. 20. Meter!... 15... 10...! Stärker sah alles: die breiten Ketten, die klirrten und rasselten und sich rasend drehten, dass der Schnee davonstäubte. Er sah unter die Wanne, erkannte Ölflecken, Nieten, Schrauben, Klappen ... Acht Meter ... sieben!... Der tote Winkel! fuhr ein Gedankenblitz durch sein Hirn. Wenn du jetzt aufspringst, sieht dich niemand mehr im Panzer! Tu es doch! hämmerte es in seinem Verstand. Fast gegen seinen Willen blieb er liegen, wartete ... Das Gebrüll erschlug ihn fast, das Beben war so stark, dass er Mühe hatte, sich am Boden zu halten. Fünf Meter ... vier ... drei...! Er zuckte instinktiv zusammen, krümmte sich, riss die Arme fest um den Kopf.

Donnernd jagte der Panzer haarscharf an ihm vorbei. Sie hätten mit ausgestrecktem Arm nach den Raupenbändern greifen können, lagen dann noch eine ganze Weile. Keiner war fähig, sich zu erheben. Einer von ihnen übergab sich. Stäcker hielt die Augen geschlossen, und in ihm war nichts mehr; kein Denken, kein Fühlen. Er hörte nicht einmal das Brummen der Panzer, die sich immer weiter entfernten. Trotz heftiger Kämpfe, die von zahlenmäßig weit überlegenen Feindkräften fast an der gesamten Aksaijfront eröffnet worden waren, konnten die Russen zwar den Vormarsch der Deutschen vorübergehend stoppen, aber nicht deren Linien überrennen. Auch die sowjetischen Panzerverbände mussten mit großen Verlusten – allein vor Kumskij wurden über 40 Panzer abgeschossen – wieder abziehen.

Die Division hatte die Gruppe Unrein bereits herangezogen, und die Panzer des Regiments 11 standen für den nächsten Tag bereit. Zudem war für die nächsten Tage das Eintreffen der 17. Panzerdivision gemeldet, die von Orel kam, zwar an Panzern schwach, aber kampferprobt. Auch die 23. Panzerdivision konnte ihre Brückenköpfe am Aksay erweitern. Als der Gegner wie erwartet am Morgen des 15. Dezember erneut antrat, war die Kampfgruppe Unrein bereits in Stellung und wies die Angriffe ab. Oberst von Hünersdorff setzte von den sieben Panzerkompanien in Kumskij fünf gegen die von Norden und Nordosten angreifenden Panzerrudel an, verstärkt durch eine SPW-Kompanie. Hauptaufgabe dieser Gruppe war, die Versorgungsfahrzeuge auf der Straße nach

Saliwskij durchzuschleusen, die unter dem starken Beschuss von Panzern und Pak zu leiden hatten, was dann auch gelang. Gegen 9 Uhr 30 zeigten sich starke sowjetische Panzereinheiten im Norden, auf Kumskij fahrend, die eine Unmenge Pak bei sich hatten. An vielen der Panzer waren die Geschütze angehängt, die Bedienung war aufgesessen. Bei Beschuss gingen sie in Stellung, waren kaum auszumachen und schossen besser als die Panzer. Im Verlauf des Vormittags nahmen die Kämpfe an Heftigkeit zu. Der Russe brachte immer neue Kräfte in das erbitterte Ringen, so dass die nördliche und nordöstliche Steppe um Werchne Kumskij pausenlos vom grellen Donnern der Panzer- und Pak-Abschüsse erfüllt war. Ohne Zweifel war die 3. sowjetische Panzerarmee nun voll im Einsatz.

Durch schnelles Manövrieren versuchte das Panzerregiment 11 der Übermacht zu begegnen, was jedoch nicht ohne erhebliche Verluste abging. Das schlimmste aber war, dass die Munition knapp wurde. Oft war der Kampf ein wildes Durcheinander, und durch die häufigen Wendungen ging den Kommandanten zeitweise die Orientierung verloren. Im künstlichen Nebel beschossen sich auch eigene, weil in der Eile die Panzertypen nicht erkannt wurden. Zwischen dem in der Steppe kämpfenden Regiment und dem Dorf rückten feindliche Kolonnen zum Angriff gegen dieses vor, und schon trafen die Hilferufe der im Dorf verbliebenen Besatzung beim Regiment ein. Wegen Munitionsmangels löste sich auf Befehl des Kommandeurs v. Hünersdorff das Regiment vom Feind und stieß in schneller Fahrt nach Kumskij vor und hindurch, wo in letzter Minute die Besatzung befreit werden konnte. Unter großen Mühen ließ sich ein Teil der Ortschaft verteidigen, dann erteilte die Division den Räumungsbefehl und befahl den Rückzug auf den Brückenkopf bei Saliwskij, der gehalten werden musste. Ein glücklicher Umstand sowjetischer Fehlplanung hatte diese Straße freigehalten sonst wäre das munitionslose Panzerregiment abgeschnitten gewesen. Werchne Kumskij war wieder verloren. Die Division entschloss sich aber trotzdem, zusammen mit den Panzerkräften der 23. Panzerdivision (Panzerregiment 201) für den 17. Dezember einen neuen Panzervorstoß gegen Werchne Kumskij zu fahren, während für den 16. die Festigung der Aksaijfront und die Verbindungsaufnahme mit der 23. Panzerdivision Vorgesehen war.

Trotz gegenteiliger Erwartungen hatte der Russe am 16. Dezember keine größeren Panzerangriffe gegen die deutschen Stellungen gefahren, und auch die Masse seiner Panzerverbände blieb unsichtbar. Es war ein Zeichen dafür, dass auch die 3. sowjetische Panzerarmee nicht den durchschlagenden Erfolg hatte erringen können, der den sowjetischen Führungsstellen vorgeschwebt war. Das Ausbleiben weiterer Angriffe ließ Umgruppierungen und Auffrischungen innerhalb der gegnerischen Verbände vermuten, die bei Werchne Kumskij 180 Totalverluste an Panzern erlitten hatten, bei nur 21 eigenen. Am späten Abend des 16. Dezember fand im Gefechtsstand von Oberst von Hünersdorff eine Kommandeursbesprechung statt. Der milde Winterabend breitete sich fast friedlich über den Ort Saliwskij, der in einer Mulde am Aksaij lag, von dessen trüben Wassern leichter Nebel aufstieg und sich ausbreitete. Manchmal stiegen Leuchtkugeln draußen in der Steppe auf und hingen milchig im Dunst, ehe sie erloschen. Selten nur hackte das Stakkato eines MG in die Stille. Draußen vor der Hütte standen am zerfahrenen Wegrand die Kübelwagen und auch einige Panzer der Kommandeure, alle weiß übertüncht, so dass sie sich in der Dunkelheit kaum von der Schneedecke abhoben. In der Hütte herrschte große Enge. Die Einheitsführer standen im Halbkreis um ihren Regimentskommandeur, und im flackernden Kerzenlicht, das auf dem groben Tisch stand, lagen die ausgebreiteten Karten. »… treten wir um fünf Uhr an.

Das Regiment nimmt den Weg von Saliwskij aus nach Klykoff, dann ostwärts bis nördlich Schestakoff, dann nach Norden abbiegend die gestrichelte Straße entlang durch die Neklinskajaschlucht, dreht nach Westen ein, fasst die feindlichen Stellungen aus der Flanke und im Rücken und stößt dann direkt aus westlicher Richtung auf Werchne Kumskij vor. Ein anderer Weg ist – geländebedingt – nicht möglich!« sagte der Oberst, während er die ganze Zeit über mit dem Bleistift den Weg an der Karte aufgezeigt hatte. Einen Augenblick sah er über die Offiziere hin, die ernst seinem Blick begegneten, denn sie wussten, dass in wenigen Stunden wieder ein harter Kampf beginnen würde. »Gleichzeitig«, fuhr der Oberst fort, und sein Blick war wieder der Karte zugewandt,

»geht die verstärkte Aufklärungsabteilung sechs von hier aus nach Norden vor, um die südlich von Kumskij stehenden Panzerkräfte zu binden. Unsere Aufgabe nach der Einnahme von Kumskij ist der weitere Vorstoß auf Gromosslawka, wobei wir an Sogotskot ostwärts vorbeistoßen. Gromosslowka muss genommen und der Übergang über den Muschkowafluss erzwungen werden, der für die nachziehenden Teile offenzuhalten ist. Das mir unterstellte Panzerregiment 201 verstärkt durch ein SPW-Bataillon, eine Artillerieabteilung und eine schwere Flakbatterie – alle von der 23. Panzerdivision – hält die Neklinskajaschlucht für uns offen und wird dann an die Spitze unseres Regimentes mit vorgezogen.

Die Führer der einzelnen Abteilungen tragen selbst Sorge für rechtzeitige Erkundung des Vormarschweges in den zugewiesenen Abschnitten. Ab fünf Uhr fünfzehn sind die Einweiser für die Masse des Regiments bereitzuhalten.« Hünersdorff hatte das Geräusch nahender Schritte gehört und wandte den Kopf. Eine Ordonnanz überreichte dem Kommandeur einen Zettel, den dieser hastig überflog. »... möchte ich Ihnen sagen, dass die 17. Panzerdivision, jetzt vollständig versammelt, morgen einen Großangriff gegen Generalowsky angesetzt hat!« Hünersdorff sah seine Offiziere an: »Damit wäre für uns die leidige Flankenbedrohung aufgehoben und die zu unserer Sicherung am Aksaij liegende Gruppe Zollenkopf ab morgen anderweitig verwendbar! Für das Unternehmen Werchne Kumskij ist uns Stuka-Unterstützung zugesagt worden sowie ausreichendes Feuer durch die Artillerie. Alles in allem werden wir morgen unter anderen Vorzeichen in den Kampf gehen, als es in den Vortagen der Fall war. Ich hoffe, dass mein Regiment den Tag zu einem erfolgreichen machen wird, um den Kameraden der 6. Armee zur baldigen Befreiung zu verhelfen!« Es war nicht weit vor Mitternacht, als der letzte Kübel schaukelnd in die Steppe rollte, um Major Löwe zu seiner Panzerabteilung zu bringen. »Was halten Sie von Paulus?« fragte der Major seinen Adjutanten, Oberleutnant Heesen, der neben ihm im Wagen saß. »Der Generaloberst mag schwerwiegende Gründe haben, wenn er die 6. Armee nicht ausbrechen lässt!« »... und die wären?« Der Oberleutnant zuckte die Schultern und schürzte den Mund. »Die von Göring zugesagte Versorgung ist mangelhaft.

Die 6. Armee ist schon fast vier Wochen eingeschlossen. Generaloberst Paulus wird an allem Mangel haben, was ein Ausbruch erfordert: Teibstoff, Munition, Verpflegung. Und wenn dieses Unternehmen nicht bis zur deutschen Front durchschlägt, muss die 6. Armee in offener Steppe liegenbleiben.« Major Löwe nickte leicht. »Ich sage Ihnen, das ist nicht das überlegte Zaudern des hervorragenden Soldaten Paulus! Das ist die Sturheit Hitlers! Jawohl!« Der Major hatte scharf gesprochen. »Paulus sieht das Schicksal seiner Armee mit ihren zweihunderttausend Soldaten vor Augen! Glauben Sie: Er würde längst den Kessel gesprengt haben – wenn er dürfte!« Heesen kannte das Denken seines Chefs. Aber aus dieser Sicht hatte er die Dinge doch nicht betrachtet, wie der Major sie eben unverblümt geäußert hatte. Der Adjutant sah hinaus. Nur undeutlich erkannte er den ewig gleichen, öden, weißen Rand der Straße, und es war ihm, als zöge eine höhere Gewalt dort ein endloses Leichentuch vorbei, auf dem noch viele brave deutsche Männer liegen würden. In dieser Nacht zerbrach in dem Adjutanten ein großer Glaube! Unteroffizier Wahrmut schlief, kaum dass er im Lkw saß. Die Knie angezogen, lag er seitlich an die Schulter des Obergefreiten Hirsch gelehnt, und ließ den Kopf niederhängen. »Der Mensch hat Nerven!« stellte Hirsch seufzend und nicht ohne gewissen Neid fest, während er die Kippe in die Dunkelheit hinauswarf. »Der pennt in jeder Stellung!

Und dabei greifen wir in ein paar Minuten an!« Der Wagen ruckte an, kaum dass der letzte Mann aufgesprungen war, und rüttelte durch den Schnee, der im aufkommenden Frost leise unter den Rädern knirschte. »Diesmal haben wir Stukas, Panzer und Artillerie dabei!« meinte einer. Den anderen war das scheinbar gleichgültig. Sie sagten nichts. Die Minuten vertropften. Ruckartig hielten die Wagen an. Kommandos, Befehle, Rufe erklangen. »Raus!« rief Hirsch, schüttelte den Gruppenführer an der Schulter und griff nach seinem MG. »Raustreten! Gruppe Wahrmut vor dem Wagen sammeln!« brüllte auch schon der Unteroffizier, noch mit geschlossenen Augen, und er schraubte sich vom Boden hoch. »Dalli, dalli, sag ich!...Los!« Minuten später waren die Gruppen und Züge versammelt. Die Einheitsführer waren zur kurzen Besprechung bei

Oberleutnant Jung, während die Landser frierend den Boden stampften und die Wagen zurückgefahren wurden. Dann ging alles sehr schnell. Panzer kamen aus dem Dunkel heran, fuhren breite Gleise nach Norden aus, und die Grenadiere stapften in ihnen entlang. Aus Osten kam ein steifer, kalter Wind, brannte in den Gesichtern und Händen. Rundum diesige, grauschwarze Dunkelheit.

Vom Dorf her steigerte sich das Feuer. Immer öfter bellten Schüsse auf, blubberten die Abschüsse von Granatwerfern. Die Männer horchten lauernd, jeden Muskel gespannt. Unweit hieben Granatwerfergeschosse ein. Verwundete schrien. »Fängt ja gut an!« meinte Hirsch. Sie hielten sich im Schutz der Panzer, die sich brummend gegen das Dorf vorschoben, das sich, wenn auch in schwachen Umrissen, bereits zeigte. Wie ein Feuerwerk stachen die gelben Abschüsse der feindlichen Pak herüber. Ihre Einschläge lagen seitlich der vorgehenden Grenadiere, aber es konnte nur noch Minuten dauern, bis das Feuer sie erreichte. Die Panzer jagten los! Im Laufschritt hängten sich die Grenadiere an. Der Sturm auf das Dorf begann. Die schweren Stiefel stampften den Schnee, die Lungen keuchten, die von der Kälte klammen Finger schlossen sich fester um die Waffen. So liefen sie geduckt dahin, vor sich die breiten Kolosse der Panzer. Die Luft war plötzlich erfüllt vom Lärm der Waffen. Vom Dorf her legte sich ein Feuerriegel der dort eingegrabenen sowjetischen Schützen und Panzer, der feindlichen Artillerie und Granatwerfer vor die Angreifer. Aber oben in Kumskij schlugen auch die Granaten der eigenen Artillerie krachend ein, und ihr Getöse mischte sich mit den feindlichen Abschüssen. Von Westen dröhnte das Geräusch der Panzer von Hünersdorffs, die sich ebenfalls gegen Kumskij durch das feindliche Sperrfeuer heranarbeiteten. Oberleutnant Jung war vorn beim Spitzenzug seiner Kompanie, die sich jetzt in Schützenkette vorwärtsbewegte. Die Grenadiere lagen im Schnee, gaben sich gegenseitig Feuerschutz, sprangen, warfen sich wieder hin. Droben brachen die roten Mündungsfeuer der sowjetischen Infanteriewaffen wie ein feuriger Saum rund um die halb in die Erde gebauten Hütten auf. Zirpend und zischend kamen die Geschosse. Einzelne Hütten brannten bereits und gaben das schaurige Licht, in dessen Umkreis sich die Gestalten von Rotarmisten zeigten, die sich bessere Deckungen suchten und Munition heranschafften; auch Panzer wurden sichtbar, die im Schlagschatten der Häuser standen und schossen.

Es geht nicht!« sagte Oberleutnant Jung. Den Körper in den Schnee gedrückt, lag er da und sah hinüber zum Dorf. Auch die Nachbarkompanien wurden von diesem heftigen Abwehrfeuer an den Boden genagelt, kamen nicht weiter. »Wo, zum Teufel, bleiben die Panzer?« riefen die Grenadiere, »wo die Artillerie? Die Stukas müssen her. Aber wenn man sie braucht...« Leuchtkugeln zischten in den diesigen Himmel, der in seiner durchscheinenden Farblosigkeit bereits den Morgen anzeigte. Die Leuchtzeichen sagten an: Hier liegen wir, und wir kommen nicht voran! Schwere Waffen her!

Die Grenadiere lagen an der Erde, hatten den eisigen Schnee an Gesicht und Händen, der sie langsam erstarren ließ. Vor sich hatten sie den Feuervorhang des sich verbissen wehrenden Gegners, um sie war die Dämmerung, und hinter sich wussten sie die Artillerie, die zwar pausenlos in das Dorf schoss, aber scheinbar wirkungslos, denn der Russe hatte sich trotz Frost und Schnee tief eingegraben. »Wenn es bloß heller würde!« sagte Hirsch. »Dann kämen die Stukas!« In der Nähe krachte ein Einschlag. Verwundete schrien auf, und die anderen zuckten zusammen. »Panzer!... Feindliche Panzer!« Ein gellender Ruf, der allen durch den Körper schnitt. Und sie kamen. Dröhnend orgelten ihre Motoren auf. Schon schoben sich ein paar der Ungetüme ins Blickfeld, kippten die kleine Anhöhe hinab und schaukelten auf die Reihen der Grenadiere zu, die sich noch kleiner machten, noch flacher.

Die heiße Spur bellender MG mähte vor den Panzern her, und zwischendurch stachen die gelben Abschüsse der Panzerkanonen auf, schlugen krachend die Granaten ein. »Der meint uns!« ächzte Hirsch. Starr sah er vom Boden weg schräg hoch, wo ein T 34 heranrollte und seine Kanone schwenkte. Wahrmut sah es auch, und er fluchte, dass sie hier so ohne Deckung lagen, hilflos diesem Riesen ausgeliefert, der sie jeden Moment in die Erde walzen konnte. Sie sahen verzweifelt in seine Richtung, weil sie einfach nichts gegen ihn tun konnten. Ein lauter Abschuß presste die Grenadiere noch fester in den Schnee; noch einer! Es waren wuchtige Hammerschläge, so dass sie zusammenzuckten. Als sie zögernd die Köpfe hoben, war der T 34 nur noch ein rauchender Haufen Schrott, umflackert von zuckenden Flammen. Sie hatten es kaum gemerkt. Der Morgen hatte die Dunkelheit vertrieben, und in den Nebellücken zeigten sich milchige Zirruswolken am Himmel, die zart-rot von der noch fernen Sonne angestrahlt wurden. Viele sahen hinauf, und sie erblickten auch die Flieger. »Die Stukas kommen!« Sofort wusste es jeder. Das gab Auftrieb, das machte Hoffnung. Und wieder stiegen Leuchtkugeln auf, um die eigene Linie für den Angriff der Flieger zu markieren. Sie waren es wirklich, kamen knapp unter der Wolkendecke angeflogen, setzten zu einer Schleife an, zogen durch. Dann kippten sie einzeln über eine Tragfläche in die Tiefe. Das schaurige Heulen der Maschinen klang weit in die Steppe hinaus.

Schwere Detonationen erschütterten den Boden, und die Grenadiere nahmen die Köpfe hoch, sahen zum Dorf hin, wo Hütten zerbarsten, Trümmer durch die Luft wirbelten und dichter, grauer Qualm sich rasch ausbreitete. Durch den Rauch waren kurz die abfliegenden Maschinen sichtbar, ehe sie wieder in schräger Bahn hochzogen. Panzer kamen auch. Und die eigene Artillerie schoss erneut etliche Lagen nach Kumskij hinein, als die Flieger weg waren. Aber sie packten es doch nicht! Es gab mörderische Kämpfe zwischen den Panzern auf beiden Seiten, und im ganzen Gelände lagen verstreut die brennenden, schmorenden Wracks. Werchne Kumskij war bei einbrechender Dunkelheit noch nicht genommen! Zu zäh hielt sich der Russe, zu viel Material hatte er bereitstehen, um alle Angriffe abzuschlagen. Der Abend sah die Grenadiere auf der Höhe 147,0 in den russischen Stellungen des Vorgeländes, die sie unter größten Anstrengungen hatten nehmen können. »Das war ein Tag!« sagte Wahrmut, und er trampelte auf der Stelle, um sich warm zu halten. »Drei Mann der Gruppe gefallen, Feldwebel Schaffer tot... Und was haben wir? Ein paar lumpige Feldstellungen, wo man sich zum Kindermädchen frieren kann. Und drin im Dorf hocken die Russen am Feuer und lachen uns aus.« »Morgen werden wir's packen!« meinte Hirsch zuversichtlich. Auch er sah sehnsuchtsvoll nach Kumskij hinüber, wo Wärme war und Geborgenheit. »Morgen, vielleicht! Und wenn schon! Dann kommt ein anderes Kaff, um das wir raufen müssen, und wieder eins. Das geht immer so fort. Und bis Stalingrad sind es noch gut hundert Kilometer!«

»Die 6. Armee wird uns entgegenkommen. Du wirst sehen!« »Dann hätte man schon was gesehen! Alles fauler Zauber. Lange können wir nicht mehr, sage ich. Haste unsere Panzer gesehen? Fertig! Und die Besatzungen auch! Und da sollen wir noch hundert Kilometer schaffen? Nie!« Und trotzdem waren sie froh, als es am Morgen des 18. Dezember erneut zum Angriff ging, denn Kälte und Übermüdung hatten allen stark zugesetzt. Kurz vor Mittag des 18. Dezember lief der zweite Angriff gegen Werchne Kumskij. Erneut waren Stuka- und Artillerie Unterstützung zugesagt und in der Nacht Verstärkungen herangeführt worden. Das Regiment Hünersdorff war nur noch eine Abteilung stark. Die Männer waren erschöpft, weshalb der Oberst das Regiment vorerst zurückhalten wollte, um dann den weichenden Feind zu verfolgen. Trotzdem befahl die Division den Einsatz von zwei Panzerkompanien zur Unterstützung der Gruppe Zollenkopf, die jetzt auf das Dorf angesetzt war. Stalin hatte die Verteidiger von Werchne Kumskij zur Garde ernannt, was ein Beweis für die Bedeutung des Ortes im Geschehen um Stalingrad war. Die 17. Panzerdivision hatte vom Korps Anweisung, nach Ausweitung des Brückenkopfes bei Generalowskij auch im Raum der Kolchose »8. M.« die Flankensicherung der 6. Panzerdivision zu übernehmen. In den fast pausenlosen, erbitterten Kämpfen zeigte sich bei Einbruch der Dunkelheit, dass trotz Einbrüchen in das äußere Stellungssystem um Werchne Kumskij der Ort selbst nicht genommen werden konnte. Während die Grenadiere am Feind blieben, zog die Division die Panzer in die Ausgangsstellungen zurück.

Der zweite Angriff war gescheitert! Gegen 11 Uhr des 19. Dezember hatte Zollenkopf im erneuten Angriff, dem dritten, Werchne Kumskij endlich genommen! Das Panzerregiment Hünersdorff nahm sofort die Verfolgung des Restes der Verteidiger auf, der sich in die Steppe schlug. Die Russen waren mürbe geworden, gaben auch Sogotskot auf, und Hünersdorff gelang es, die Flüchtenden zu überrollen und viele Gefangene zu machen. Mitten in der Verfolgungsjagd erhielt der Oberst den Auftrag, nach Osten abzudrehen, und zur Muschkowa bis Wassiljewka vorzustoßen. Das waren noch 30 Kilometer! Und diese Entfernung konnte nur im schnellen Drauflosfahren und bei Dunkelheit geschafft werden! An der Muschkowa würden die Kameraden aus Stalingrad mit ihnen zusammentreffen, so hieß es unter den Panzerleuten, als das Regiment sammelte. 17,30 Uhr! Das Unternehmen begann. Das Regiment Hünersdorff hielt die Spitze, ihm zugeteilt war das SPW-Bataillon Küper vom Panzergrenadierregiment 114. Die Gruppe Zollenkopf trat etwas später von Höhe 130,0 mit an. Oberst Hünersdorff erließ Schießverbot. Die Straße am Wegekreuz westlich Punkt 157,0 wurde verfehlt, die Panzer stießen aber unbeirrt durch vereiste Schluchten ostwärts weiter und erreichten um 18.45 Uhr das Wegekreuz 2 km nördlich Gnilo-Aksaisskaja. Zwischen stark besetzten Feindstellungen entlang der Straße nach Norden fahrend, nahm das Regiment nach Überwindung etlicher Balkas um 22 Uhr im letzten Anlauf die Brücke über die Muschkowa im Südteil von Wasiljewka! Die Überraschung war geglückt!

Erst als die Panzer den Nordteil des Dorfes erreichten, schoss der Gegner verzweifelt. Es war zu spät! Hünersdorff hatte das gesteckte Ziel erreicht! Es war ein Unternehmen, das an die Raids eines Guderian in den Vormarschtagen 1941 erinnerte: Mitten durch den Feind, durch schwierigstes Gelände, ohne Rücksicht auf die Flanken, nur das Ziel vor Augen. In diesen Tagen gab der Vorstoß Hünersdorff Hoffnung, Stalingrad doch noch entsetzen zu können. Bis Stalingrad waren es von hier nur noch 48 Kilometer! Jetzt musste Paulus handeln! Jetzt hatte er die Gelegenheit, die Spitze des LVII. Panzerkorps zu erreichen! Die Panzermänner konnten es kaum fassen. Mit nur etwa 40 Panzern waren sie fast 20 Kilometer mitten durch den Feind gefahren, hatten die Brücke und den Ort genommen! Hünersdorff aber hatte Sorgen! Was würde in den nächsten Stunden geschehen? Sie hatten schon unterwegs aus Spritmangel einige Wagen stehenlassen müssen, hatten kaum Munition, keine Artillerie, keine ausreichende Infanterie, denn Zollenkopf war – wie der Oberst durch Funk erfahren hatte – in einen Gegenangriff der Russen geraten, bevor er den Panzerregiment folgen konnte. Die 23. Panzerdivision lag genau 20 Kilometer südlich; genauso weit, aber südwestlich, war die Kampfgruppe Zollenkopf.

Würde sie es ohne Panzer schaffen, rechtzeitig bis hierher durchzustoßen? Mit dem Morgen stiegen auch für das Regiment Hünersdorff die Sorgen. Ohne Zweifel würden die Russen diesen verwegenen Vorstoß entsprechend beantworten, dachte Hünersdorff. Dabei waren seine Panzer infolge Treibstoffmangels fast bewegungsunfähig, die Munition war zudem mehr als knapp! Und schon griffen die Russen von allen Seiten her Wassiljewka und die bald eingeschlossene Gruppe Hünersdorff an ... »Kompanie löst sich vom Feind, sammelt in der Balka da drüben!« sagte der Melder, flach am Boden neben Wahrmut, der ein Haus beobachtete, von dem aus sie Feuer bekommen hatten. Der Gruppenführer nickte nur. Einen Augenblick lang sah er in das verrußte Gesicht des

Melders mit den müden Augen, den hohlen Wangen. »Gruppe Wahrmut!« rief der Unteroffizier dann, »in Sprüngen nach hinten einzeln absetzen!« Er rannte geduckt im Zickzack als erster weg, warf sich hin und gab Feuerschutz. Er sah, wie seine Männer sich einzeln zu ihm herarbeiteten, das feindliche Feuer unterlaufend. »Ist das alles?« fragte Wahrmut und überflog sein Häuflein. »Ganze fünf Mann!« Die müden Gesichter seiner Männer gaben ihm von selbst Antwort. »Was ist los?« fragte Hirsch. »Hab da was gehört: Hünersdorff stößt in der Dunkelheit durch. Wir werden dabei sein!« »Dann gute Nacht! Wir paar Männecken?« »Knallkopf! Das ganze Bataillon natürlich. Unsere Kompanie macht Spitze!« Wagen fuhren vor, Verpflegung und Munition wurden ausgegeben. Um 19 Uhr rollte das Bataillon Hauschildt mit den Wagen in die unbekannte Finsternis nach Norden.

Die Grenadiere dösten frierend, wurden durcheinandergeschüttelt, aber immer wieder rissen sie sich selbst hoch, denn überall lauerte der Feind. Aufmerksam starrten die Fahrer hinaus in die endlose Schneeweite, auf der Mondschein und bange Ungewissheit lagen. Es war ein langer Zug, der sich da entlangquälte, in Schluchten eintauchte und mit heulenden Motoren an vereisten Steigungen hing. Ganze Trauben von Soldaten klemmten sich dann keuchend hinter die Fahrzeuge und schoben, während andere die Ränder der Schluchten im Auge hatten und gegen den Feind sicherten. Wenn es dann oben wieder weiterging, warfen sich die erschöpften Männer über die Bordwände, um die Fahrt fortzusetzen. Stille, tiefe, trügerische Stille herrschte überall. Ein blanker Mond stand am samtenen Nachthimmel, der die Steppe mit bleichem Licht übergroß. »Das ist ja direkt unheimlich!« meinte Hirsch, als er in die Runde blickte, die Augen schloss und sie wieder aufriss. »Panzer!« raunte einer, und er deutete mit der Hand hinüber, wo er dunkle Kästen sah. Alle sahen dorthin und waren voll banger Erwartung. Doch es waren keine sowjetischen Panzer, die dort standen, sondern Teil des SPW-Bataillons, das sich verfahren hatte, den Anschluss an die Kampfgruppe Hünersdorff nicht mehr finden konnte und deshalb hier eingeigelt lag. Die SPW schlossen sich der Spitzenkompanie an, und die Fahrt wurde fortgesetzt.

Die Männer wähnten sich ewig unterwegs, als gegen Mitternacht die Gleise einer Bahnlinie sichtbar wurden. »Verfranzt!« fluchte der Bataillonskommandeur, als er kurz in die Karte sah, »zu weit nach Osten gekommen! Die vielen Panzerspuren bringen einen ganz durcheinander. Also abschwenken nach Norden! Aufsitzen!« Wieder rollte die Kolonne auf den gut sichtbaren Spuren der Panzer voran. Plötzlich hieben MG-Garben aus den Schneefeldern heran. »Bataillon fertig machen!« gab Major Hauschildt seine Befehle, und die Männer sprangen von den Fahrzeugen, packten ihre Waffen und formierten sich. Im Mondschein sahen sie einige Feldstellungen, von wo das Feuer herüberkam. Auch die Batterie Feldhaubitzen protzte auf der Straße ab, um den Angriff zu unterstützen. Die 1. und 2. Kompanie gingen gegen die Stellungen vor. Heftiges Feuer schlug ihnen daraus entgegen. Erst im Morgengrauen konnte der Widerstand endgültig gebrochen werden, das Bataillon aufsitzen und die Fahrt wieder antreten. Um 10 Uhr war Wassiljewka in Sicht. Aufgesessen suchte das Bataillon im Überraschungsstoß das Dorf zu erreichen. Von dort tönte Gefechtslärm herüber, ein Zeichen, dass sich die eingeschlossene Gruppe Hünersdorff in heftigen Kämpfen befand. Es war deshalb keine Zeit zu verlieren. Plötzlich schlugen auch feindliche Pak-Granaten inmitten des Bataillons ein, weshalb der Major es in eine Balka hinüberziehen ließ, wo abgesessen und zu Fuß gegen das Dorf vorgegangen werden sollte.

»Ich hasse Balkas«, sagte Wahrmut. Violette Schatten lagen in den Erdfalten, wo ringsum der Schnee in der strahlenden Sonne glitzerte. Frostfäden flatterten durch die Luft. In der Balka lagen feindliche Schützen in Deckung, schossen, eilten dann, in den braunen Uniformen gut erkennbar, an der Sohle entlang. Wahrmut ging vor, die Maschinenpistole an der Hüfte. Zeitweise jagte er Garben in Gestrüpp und Löcher, hastete weiter. Unter seinen Tritten knirschte der Schnee, brach das Eis, und glitschiger Matsch verspritzte im Weiß. Die Schlucht war nur schmal, aber sehr lang, voll kahlen Gebüschs, aus dem immer wieder die Feuerzungen feindlicher Waffen herausleckten. Ab und zu lagen verkrümmte Gestalten da, verstreutes Gerät, Waffen, alles noch griffbereit. Die Grenadiere rannten, schossen, hetzten die Hänge hoch, rutschten, fielen, rappelten sich wieder hoch, weiter! Das Bataillon hatte Funkverkehr mit Oberst von Hünersdorff, und dieser schickte nun Major Bake mit einem Spähwagen herbei, den Major abzuholen, der vom Oberst über die Lage unterrichtet werden sollte. Als der Bataillonskommandeur wiederkam, ging alles besser, denn er kannte nun die Schwerpunkte der feindlichen Verteidigung, umging sie und kämpfte sich durch eine andere Balka an das Dorf heran. Wahrmut hatte noch einen Mann seiner Gruppe eingebüßt. So gehen sie, dachte er mit Verbitterung, so gehen sie einer nach dem anderen, ertragen alles mit Geduld und tun ihre Pflicht, und am Ende ihres Weges ist ein elender Hang, ein zerschossenes Haus, die Steppe oder nur Schnee. – Und in wenigen Tagen ist Weihnachten.

So stürmten sie weiter, kämpften sich an die ersten Hütten heran, wo die eigene Artillerie furchtbar gehaust hatte: umgestürzte, zerfetzte Pak mit aufgerissenen Rohren, tote Rotarmisten, die verklemmt im Schrott hingen, Deckungslöcher mit Gefallenen, überall verstreute Waffen, Ausrüstung, Munition, und dazwischen zerschossene, verbrannte Häuser. Und über allem ein klarer Sonnenschein, der die Verwüstung noch deutlicher aufzeigte. Wahrmut setzte über einen Geröllhaufen hinweg, duckte sich, warf sich in Deckung und hielt die Mündung seiner MP auf die olivbraunen Gestalten, die sich in Löchern zu verkriechen suchten. In langen Sätzen jagten sie dahin. Die Grenadiere waren ihnen dicht auf den Fersen, warfen Handgranaten und nahmen sie unter

Feuer. Die Russen waren jetzt in der Zange, denn die lange Dorfstraße herunter fegten die Granaten von Hünersdorffs Panzern. »Ran!« rief Oberleutnant Jung und setzte auf die andere Seite der Straße hinüber, die rechte Faust mit der MP hochstoßend. Sekundenlang sahen die Männer der 2. Kompanie ihren Chef in langen Sätzen dahinrasen, um einen zerschossenen, umgekippten russischen Lkw herum, während sie dalagen und Feuerschutz für ihn gaben, damit das feindliche MG drüben zum Schweigen kam. Wahrmut stieß ebenfalls die Hand hoch! »Los!« brüllte er. Zur Rechten sah er die Panzer der Kampfgruppe Hünersdorff, die mit MG die flüchtenden Rotarmisten aus der Flanke her beschossen. Der Unteroffizier rannte, und knapp hinter ihm jagten seine letzten vier Männer der Gruppe. Wenige Schritte vor ihnen hetzte der Oberleutnant dahin.

Aus irgendeiner Ecke tackte ein russisches MG heraus, fetzte eine Garbe quer zur Straße... Oberleutnant Jung zuckte jäh zusammen, fiel im Schwung lang hin und wälzte sich zur Seite. Wahrmut und Hirsch rafften ihn im Vorbeilaufen von der Straße hoch und zerrten ihn hinter die nächste Ruine. Sie hatten einen Toten geborgen! Halsschuss! Eine Zeitlang starrten sie beide wortlos auf ihren toten Kompanieführer. Als sie hochsahen, standen die Panzermänner um sie herum. Die Spitze des Bataillons hatte die Gruppe Hünersdorff erreicht. »Höchste Zeit, Kumpels!« sagte einer der Männer zu Wahrmut. »Wir hätten uns nicht mehr lange halten können!« Der Unteroffizier sah ihn an, richtete sich auf, sagte rau: »Das war unser

Chef! Er hat die letzten Meter nicht mehr geschafft!« Er steckte sich eine Zigarette im Windschatten eines Panzers an und sah hinaus in die Steppe, wo die Kolonne der Gruppe Zollenkopf sich gerade zum Dorfrand von Wassiljewka heranschob. Noch 48 Kilometer, dachte Wahrmut, und wir sind in Stalingrad. Unwillkürlich sah er nach drüben zu dem toten Oberleutnant, und es war ihm, als wäre sein Tod symbolisch für das ganze Unternehmen: Knapp vor dem Ziel würde es plötzlich aus sein!

❖

Die Lage an der gesamten Südfront hatte sich in diesen Tagen weiter verschlechtert. Am 18. Dezember waren sowjetische Panzer-und motorisierte Korps auf der Naht zwischen der »Heeresgruppe Don« und der »Heeresgruppe B« im ersten Anlauf durch die dort stehende italienische Armee gebrochen und bedrohten das ganze Donezgebiet sowie den gesamten Südflügel des deutschen Ostheeres. Deutscherseits waren keine nennenswerten, greifbaren Reserven vorhanden, die gegen das weitere Einfließen der großen Feindmassen hätten angesetzt werden können. Aber nicht nur das wichtige Donezgebiet mit seiner Industrie, auch die für die Versorgung Stalingrads so wichtigen Flughäfen Tatzinskaja und Morosowskaja waren gefährdet!

Die deutschen Führungsstellen erkannten die Gefahr, und es war für sie eine zwingende Notwendigkeit, die Russen noch vor Rostow zu stoppen. Wenn dies nicht gelang, dann würde sich das Schicksal Stalingrads auch auf die »Heeresgruppe A« im Kaukasus ausweiten. Aber was war zu tun? Welche Reserven waren noch greifbar? Bis zum 20. Dezember noch keine! Das OKW hatte zwar die von Frankreich anrollende 7. Panzerdivision und einige Luftwaffen-Felddivisionen zugesagt, aber sie würden in jedem Fall, wenn sie überhaupt kamen, zu spät eintreffen! Für Feldmarschall Manstein bot sich deshalb die notwendige Maßnahme fast von selbst an: Paulus musste ausbrechen!
Am 19. Dezember richtete von Manstein einen entsprechenden Bericht an den Chef des Generalstabes mit der Bitte um Vorlage bei Hitler.

Dieser Bericht gab schonungslos die Gesamtlage wieder, die mangelhafte Versorgung der 6. Armee, und Vorschläge betreffs des Zusammenwirkens aller verfügbaren Kräfte zum Ausbruch der 6. Armee. In der Erwartung, dass sowohl der Generalstab des Heeres, als auch Hitler diesen Vorschlag billigen würden, erließ Manstein am gleichen Tag einen Befehl an die ihm unterstellte 6. Armee und die mit eingeschlossenen Teile der 4. Panzerarmee. Er enthielt die einzelnen Phasen des Ausbruchs sowie die Aufgabe der »Heeresgruppe Don«, um diese Aktion zu unterstützen. Er sollte auf das Stichwort: »Wintergewitter!« erfolgen.

Unter Punkt 2 sagte der Befehl wörtlich: »… tritt die 6. Armee baldmöglichst zum Angriff ›Wintergewitter‹ an. Dabei ist vorgesehen, notfalls über Donskaja Zaritza hinaus die Verbindung mit dem LVII. Panzerkorps zum Durchschleusen herzustellen.« Unter Punkt 3 lautete der Befehl: »… kann die Entwicklung der Lage dazu zwingen, daß der Auftrag zu ›Wintergewitter‹ für Durchbruch der Armee zum LVII. Panzerkorps an die Muschkowa erweitert wird. Stichwort: ›Donnerschlag!‹ Es kommt alsdann darauf an, ebenfalls schnell mit Panzern eine Verbindung mit dem LVII. Panzerkorps herzustellen, alsdann unter Deckung der Flanken an der unteren Karpowka und an der Tscherwlenaja vorzuführen, unter abschnittsweiser Räumung des Festungsgebietes.« Operation »Donnerschlag« musste demnach sofort an Angriff »Wintergewitter« anschließen. Alle Vorbereitungen dafür waren zu treffen und auch der Zeitpunkt für »Wintergewitter« sofort mitzuteilen. Von Manstein und mit ihm alle Führungsstellen waren vom Gelingen dieser Unternehmen überzeugt, wenn die 6. Armee bald zum Angriff aus dem Kessel antreten würde. Sollte sich aber Generaloberst Paulus noch zögernd verhalten, dann musste bei dem sowjetischen Druck jeder verschenkte Tag die Erfolgsaussichten verringern. Von Manstein wäre dann gezwungen, innerhalb seiner »Heeresgruppe Don« Umgruppierungen zu veranlassen, um die über Hunderte von Kilometern offene linke Flanke zu sichern. Die Kräfte dafür musste er von der Tschirfront und dem LVII. Panzerkorps abziehen, da sonst meist nur Verbündete die übrigen Fronten notdürftig zusammenhielten. Wenn Manstein so handeln musste, dann war die Möglichkeit der Befreiung der 6. Armee für immer verwirkt, was für diese das Todesurteil bedeutete.

Aus Gründen der Vernunft und der gegebenen Lage heraus, darin waren sich alle Führungsstellen einig, musste Paulus jetzt handeln! Er musste ausbrechen! Die angreifenden Truppen der 4. Panzerarmee warteten 48 Kilometer entfernt auf die Kameraden der 6. Armee. Es war das Warten auf »Wintergewitter«! In Wassiljewka griff inzwischen der Feind immer stärker an. Oberst von Hünersdorff hatte noch 21 Panzer ohne Sprit, die sich eingeigelt hatten und bewegungsunfähig waren. Der Nachschub ließ auf sich warten, und immer neue, heftigere Angriffe des Gegners richteten sich gegen den Ort. Den Südteil hatte er bereits genommen und drückte auch hart auf den Brückenkopf im Nordteil von Wassiljewka, wobei die

Grenadiere verbissen die Brücke hielten. Hünersdorff wusste, dass ein Schlauch durch den Südteil des Ortes getrieben werden musste, wenn die nachziehenden Teile der Division die festliegenden Panzerkompanien mit Treibstoff und Munition versorgen sollten. Die Kampfgruppe Zollenkopf und das Bataillon Hauschildt traten deshalb am Nachmittag gegen den Südteil an, um sich den anrollenden Kampfgruppen Unrein, Quentin und Remlinger entgegenzukämpfen, den eigenen Brückenkopf dabei gleichzeitig ausweitend. Auch die Spitzen der 23. Panzerdivision waren im Anmarsch, während die 17. Panzerdivision links auf Gromosslawka vorging, ohne jedoch den Muschkowa-Abschnitt bisher erreicht zu haben.

Den Südteil von Wassiljewka hielten die Russen in gut ausgebauten Stellungen, und von den nördlichen Höhen schossen Pak gefährlich genau auf alles, was sich auf der Straße zeigte. Die sowjetische Führung wusste um die Bedeutung von Wassiljewka. Bereits mit dem Vorstoß von Hünersdorff war die gesamte deutsche Front dieses Abschnittes vom Aksaij zur Muschkowa vorgerückt, und wenn Wassiljewka nicht gehalten wurde, dann musste der nächste Stoß der Deutschen direkt nach Stalingrad führen! Die Russen opferten dieser Tatsache sogar die Entblößung der Stalingradeinkesselung um einige kampfstarke Korps. Die Stunde für Paulus war gekommen! Wenn er jetzt losschlug, dann würden die sowjetischen Truppen zwischen zwei Fronten stehen! Wenn er losschlug ...! Fast zwei Tage hielten sie den Brückenkopf, der immer enger wurde.

Die Panzer hatten keinen Sprit, keine Munition mehr, und die Grenadiere kampierten bei eisiger Kälte unter den Stahlleibern der Kampfwagen, um wenigstens vor dem ständigen Beschuss durch feindliche Artillerie und »Stalinorgeln« etwas Schutz zu haben. Nahezu pausenlos rannten die sowjetischen Schützen an. Dann krochen die Grenadiere aus ihren Deckungen hervor, stürmten, schossen und verkrochen sich wieder in die kalte Erde. Sie hatten kein Trinkwasser, kaum zu essen, keine Wärme, und die vielen Verwundeten gingen still hinüber, ehe Hilfe kam. Tote überall – Deutsche und Russen.

»Alarm!« brüllte jemand. »Der Russe ist durchgebrochen!« Wahrmut nahm das MG, Hirsch die Munitionskästen: sie waren noch die einzigen der Gruppe. So rannten sie hinüber, wo das heftige Schießen den Einbruch verriet. Im Feuerschein brennender Panzer und Hütten sprangen die Rotarmisten auf, verschwanden hinter Trümmer-und Geröllhaufen, tauchten wieder auf. Wahrmut ging beim Gefechtsstand Hünersdorff in Stellung, schoss, was das MG hergab und hielt in die Angreifer, die sich bereits bis auf 15 Meter dem Gefechtsstand genähert hatten. Der Oberst und die Männer seines Stabes lagen ebenfalls im Schnee und wehrten sich verzweifelt. Dann war Hünersdorff plötzlich hoch, schrie und riss – selbst voraus – die erschöpften Männer im Gegenstoß nach vorn. Und sie schafften es. Die Russen wichen wieder und rannten überrascht in wilder Flucht nach hinten. Der Einbruch war bereinigt. Wahrmut und Hirsch stapften zurück.

Wo eben noch »ihr« Panzer stand, war loderndes Feuer! »Volltreffer der Pak!« meinte Hirsch müde. Wahrmut nickte. »Und alle tot! Wie hat wieder der Leutnant geheißen, der den Kasten befehligt hat?« »Ich glaube Stracker oder so«, erwiderte Wahrmut.

Am 21. und 22 Dezember waren endlich die Verstärkungen eingetroffen. Der Brückenkopf war erweitert, Wassiljewka ganz in deutscher Hand, die Nachschubfrage somit gelöst, die Höhen nördlich Wassiljewkas genommen und der Ort Kaptinka erobert. Fast die gesamte Division hatte nun den Abschnitt erreicht und konnte an die Errichtung einer Abwehrfront denken. Maßnahmen für die Aufnahme der ausbrechenden 6. Armee mussten getroffen werden. Die Division hatte sich rund 100 Kilometer durch den Feind geschlagen und war zuversichtlich, daß es den Männern der 6. Armee gelingen würde, sich die restlichen 50 Kilometer bis zu ihr heranzuarbeiten. Die Parolen überschlugen sich: Spitzen der 6. Armee gesichtet! ... Vereinigung mit Paulus-Armee im Nachbarabschnitt! Und noch viele andere. Das aber war die Wahrheit: Paulus war überhaupt noch nicht angetreten! Hitler hatte es ihm verboten! Stalingrad mußte gehalten werden! Gegen einen Versorgungskorridor nach Stalingrad hatte Hitler nichts einzuwenden, wenn das Festungsgebiet nicht aufgegeben wurde. Aber der Korridor war eine Sache Mansteins! Und dessen Kräfte reichten dafür bei weitem nicht aus. Zudem hatte sich bereits am 21. Dezember die große Lage im Südabschnitt der Ostfront weiter verschärft. Die bei den Italienern durchgebrochenen Sowjetpanzer standen am Donezübergang Kamensk-Schachtinsk; weiter nördlich, in Millerowo, waren deutsche Einheiten eingeschlossen. Unklar war die Lage im Raum Donez-Morosowskaja. Am Tschir befand sich die Armeeabteilung Hollidt in heftigen Kämpfen mit offener linker Flanke, anschließend daran hielten sich mit Mühe die 3. rumänische Armee, angeschlagene Luftwaffen-Felddivisionen und Alarmeinheiten. Im Raum Woroschilowgrad am Donezk bis zum großen Donbogen standen gar keine kampfkräftigen deutschen Einheiten mehr, und die Russen hatten in kurzer Zeit die Hälfte des Weges vom Don bis zum Asowschen Meer zurückgelegt.

Die »Heeresgruppe Don« stand jetzt 200 Kilometer entfernt von Stalingrad, die italienischen Divisionen und Teile der 3. rumänischen Armee hatten sich aufgelöst. Eine riesige Katastrophe zeichnete sich für die gesamte Südfront ab, wenn nichts geschah! Es konnte sich nur noch um wenige Tage handeln ... Auch am 22. Dezember konnte die 6. Panzerdivision den Brückenkopf an der Muschkowa behaupten. Es war der dritte Tag des Wartens auf »Wintergewitter«! Warum kam Paulus nicht? Die große Lage wurde sprunghaft kritischer. Tatzinskaja, Luftversorgungsbasis für Stalingrad, stand kurz vor dem Fall! Hollidt war vom Tschir abgedrängt worden! Der Rest der 3. rumänischen Armee war verschwunden. Das XXXXVIII. Panzerkorps in Bedrängnis; dessen 11. Panzerdivision konnte nur noch mit Mühe Morosowskaja halten! Trotzdem erhielt Generaloberst Hoth den Befehl von der »Heeresgruppe Don«, weiter auf Stalingrad vorzustoßen, weil Feldmarschall von Manstein noch immer hoffte, Paulus würde sich zum Ausbruch entschließen können. Lange aber konnte die »Heeresgruppe Don« dieses kräfteverzehrende Halten am Muschkowa-Abschnitt ohne ernsthafte Gefährdung der eigenen Truppen nicht mehr durchhalten. Die Zeiger rückten auf die letzten Stunden vor, die Paulus noch verblieben, wenn er sich und seine 6. Armee vor der sicheren Vernichtung retten wollte! »Man müsste sie aber doch sehen!« beharrte Hirsch auf seiner Meinung. »Wenigstens Abschüsse oder Leuchtkugeln!« »Ja, das müsste man«, gab Wahrmut zu, wiegte dabei bedächtig den Kopf. »Aber sie werden nicht kommen!« »Wozu waren dann alle unsere Anstrengungen, die Opfer? Ist doch dann alles sinnlos gewesen!«

»Jeder Krieg ist sinnlos! – Aber Paulus lässt uns hängen, das sage ich! Heute sind wir den dritten Tag im Brückenkopf, haben noch hier die Höhen genommen! Es wird alles umsonst sein!« Hirsch sah nach Südosten hinüber. Er konnte es einfach nicht fassen, dass sich nichts zeigte, was das Anrücken der 6. Armee hätte vermuten lassen. Keine der Leuchtkugeln entging seinen Blicken, aber sie waren nicht von der Art, daß sie ein verabredetes Zeichen gewesen wären. Sie waren einfach da wie immer, standen hell am Himmel und gingen irgendwo wieder unter. Und dann brüllten die russischen Geschütze los und warfen ihre tödlichen Lasten in die eigenen Stellungen hier oder hinunter ins Dorf, wo die Einschläge aufbrüllten. »Bloß noch 48 Kilometer!« fing Hirsch wieder an. »Die bin ich von Magdeburg aus an einem Tag mit dem Rad gefahren!« »Radfahren ist hier nicht!« knurrte Wahrmut. Mit dem Russenspaten schaufelte er das Loch tiefer, hackte die gefrorenen Brocken los und warf sie hinaus. Er tat dies alles mit einer gewissen Bereitschaft, weil die Beschäftigung warm machte. »Meinst du, dass wir morgen früh weiter vorgehen?« »Sicher! Hab' gehört, Werchne Zarizinsky soll genommen werden; das Kaff dort links drüben!« Hirsch ebnete den Boden vor dem Deckungsloch, brachte das MG in Stellung und legte den Schwenkungsbereich fest. Dazu trieb er Pflöcke ein, um auch im Dunkeln durch Anschlag der Waffe an diese Pflöcke die Richtung zu wissen. Sicher würden die Russen auch nachts kommen. Wieder stand eine lange Winternacht bevor, die so endlos war mit ihrer Kälte, dass man nicht zum Schlafen kam, wenn man in Stellung lag.

So schufteten sie gemeinsam, um in die Erde zu kommen, die wenigstens nicht den scharfen Wind hereinließ. Unweit von ihnen gruben die Kameraden des Zuges, den jetzt Oberfeldwebel Schmalekamp führte. »Mach die Gardine dicht«, sagte Wahrmut, und Hirsch zerrte die Zeltbahn über ihren Köpfen von einem Ende des Loches zum anderen. Es machte sich eine fast behagliche Wärme breit, als Wahrmut noch den Stummel einer Kerze in die vorgesehene Erdnische steckte und anzündete. »Darf ich zum Dinner bitten?« Mit einem Ruck hatte er das Kochgeschirr vom Brotbeutel getrennt, klappte es auf, griff hinein. »Immer Kaviar ist langweilig! Diesmal speisen wir bäuerlich; sagen wir trockenes Brot und Käse, einverstanden?« Hirsch sah ihm zu, wie er den vereisten Käsebrocken mit dem Taschenmesser zerhackte, um zwei Portionen aus einer zu machen. »Käse liegt schwer im Magen und macht das Zahnfleisch locker«, meinte Hirsch. »Brot allein ist gesünder!« Doch Wahrmut bestand auf gerechter Verteilung, und so teilten sie ehrlich. Auch die Zigarette, die verknautscht in irgendeiner Ecke von Wahrmuts Taschen schlummerte. Er bog sie zärtlich wieder in die ursprüngliche Form, streichelte die Fältchen weg und steckte sie feierlich mit geschlossenen Augen am Kerzenstummel an. Sein erster Zug war hörbar ein Genuss, ehe er sie Hirsch gab. Genau in der Mitte drückte Wahrmut dann die Glut ab, ribbelte mit dem Zeigefinger den Ruß fort und versenkte die gerettete Hälfte wieder in die Tiefe der Tasche hinab. »... den ›Hugo‹ rauchen wir nach dem Frühstück!« meinte er gönnerhaft.

Eingekuschelt in die Kapuzen ihrer Winterbekleidung, dösten sie ein. Über die straffgespannte Zeltbahn fegte der Wind den körnigen Schnee dahin, senkte ihn in Ritzen und Spalten. Als er zunahm, schien die Steppe zu kochen im Auf und Ab der wehenden Schneeschleier. Die Posten drückten die Augen zu schmalen Schlitzen zusammen, hatten ein Brennen im Gesicht, und auf ihren Schultern türmte sich der Schnee. Einsam hielten sie Wache für die Kameraden, die schliefen, und warteten auf jene, die aus Stalingrad kommen sollten. Und in zwei Tagen war Heiliger Abend, dachten sie, den sie nun zum zweiten Mal fern von daheim, ohne Lichterbaum feiern würden, ohne Wärme und ohne Frieden! Aber sie würden denen von Stalingrad die Freiheit gebracht haben. Um Mitternacht waren sie da! Mit dem Schnee, den der Wind vom Boden aufhob, sprangen sie empor, liefen geduckt heran, nachdem sie fast eine endlose Zeit angeschlichen waren, lautlos und zäh, Meter um Meter. Nun griffen sie laut schreiend an, brüllten ihr »Urrää« vor sich her aus alkoholberauschten Kehlen, stampften zu Hunderten den körnigen Schnee und schossen ihre Waffen ab. Von allen Seiten stachen die Feuerpunkte heran, pfiffen die Geschosse über die Deckungen. Es bedurfte keiner Befehle!

Die Grenadiere rappelten sich hoch, rissen die Kolben an die Schulter und drückten ab. Auch Wahrmut lag längst hinter dem MG, strich einfach von links nach rechts herüber bis zum Anschlag, und als er die Waffe zurückführte, waren die angreifenden Reihen lichter geworden. Neben ihm hing Hirsch am Erdaufwurf und sah auf den Gurt, der unter dem Deckel hindurchlief, und die leeren Hülsen klingelten zu seinen Füßen nieder. Ganz nahe schon waren die Russen, aber Wahrmut gab ihnen keinen einzigen Meter mehr. Viele Tote lagen im Vorfeld, und neue gesellten sich hinzu, als die zweite Welle heranstürmte. Der Schnee deckte die braunen Flecken langsam zu. Nur noch einzelne Rotarmisten hetzten umher, liefen zurück, Verwundete krochen nach hinten. Minutenlang war wieder die Stille der Weite, die nur der Wind unterbrach, wenn er über den Schnee kratzte. Dann brüllten Abschüsse auf.

Immer neue Lagen fuhren durch den düsteren Himmel heran, krachten in den gefrorenen Boden, zerstampften Deckungen und brüllten unten nach Wassiljewka hinein. Die schaurigen Feuerkaskaden der »Stalinorgel« zuckten am Horizont auf, und wenig später trommelten die Einschläge ins Gelände. Das Feuer hielt fast pausenlos bis zum Morgen an. Um 5 Uhr trat das Bataillon Hauschildt zum Angriff auf Zarizinskij an. Pünktlich kamen die zugeteilten Panzer aus Wassiljewka angebrummt. Die Sicht war noch schlecht um diese frühe Stunde. Das Gelände war zerklüftet in Schluchten und Bodenfalten, die den Grenadieren das Vorankommen durch immer wieder sich verbissen wehrende, an den Hängen eingebaute Bunker erschwerten und für die Panzer fast unpassierbar waren.

So kippte schon zu Beginn einer der Panzer auf einer völlig vereisten Schräge sich überschlagend in die Tiefe; er war für diesen Angriff unbrauchbar geworden. Zum Glück konnten die Artilleristen durch den beim Angriff teilnehmenden VB (Vorgeschobener Beobachter) die Stellungen der Russen sturmreif schießen, während eine Kompanie des Pionierbataillons die Bunker einzeln knackte. Trotzdem ging es nur langsam voran, zumal die Männer durch die Strapazen der letzten Tage stark erschöpft waren und die Einheiten nur noch knapp die Hälfte ihrer Stärken aufwiesen. Wahrmut hatte durch Zusammenlegen der Reste innerhalb des Zuges wieder eine Gruppe bekommen. Er schritt ihr voran, ungebrochen in seinem Gleichmut. Hirsch bewunderte ihn immer wieder, wie er – klein und schlank – alle Strapazen meisterte und seine Gelassenheit behielt. In seinem Winteranzug, der einmal weiß gewesen war, jetzt aber braunfleckig und an manchen Stellen zerrissen war, sah Hirsch seinen Gruppenführer einige Meter vorausspringen. Nun ging Wahrmut den Hang an, ließ sich plötzlich fallen, deckte sich gegen eine Feuergarbe, die aus der Luke eines Erdbunkers herunterprasselte, kroch seitlich auf dem Bauch weg, setzte in einzelnen Sprüngen näher, um in den toten Winkel zu kommen. Dann warf er eine Handgranate. Wenig später kamen auf Wahrmuts Anruf hin die Russen hervor, braun, schmutzig, abgerissen, so wie sie tagelang in dieser Erdhöhle gehaust hatten. Sie hielten die Hände über den Kopf und ergaben sich. Weiter! Immer weiter! Richtung Stalingrad! Unteroffizier Wahrmut ging seinen Männern voran!

Während Grenadiere und Panzermänner noch um jeden Meter Boden rangen, während noch immer die Augen dieser Männer neben dem Feind nach den ersten Anzeichen der sich nähernden 6. Armee suchten, trat die entscheidende Wende ein. In den Vormittagsstunden des 23. Dezember trafen überraschend der Kommandierende General des LVII. Panzerkorps, General Kirchner, und der Divisionskommandeur, Generalmajor Raus, im Gefechtsstand Hünersdorffs im Brückenkopf ein, um sich persönlich von der Lage zu überzeugen. Heute war der vierte Tag, wo sie auf den Ausbruch der 6. Armee warteten und diesen Brückenkopf gegen alle Übermacht hielten. Bereits seit dem Morgen waren neue Anstrengungen gemacht worden, Paulus noch weiter entgegenzukommen. Von den nördlichen Höhen tönte der Gefechtslärm bis nach Wassiljewka herein und zeugte von den Anstrengungen der Landser, den Kameraden der 6. Armee eine Gasse zu schlagen. »Ich habe Ihnen, meine Herren«, sagte General Kirchner, »im Auftrag der Heeresgruppe mitzuteilen, dass auf Befehl des Führers Stalingrad als Festung bis zur letzten Patrone zu halten ist! Hitler hat den Ausbruch verboten!« Der General machte eine kleine Pause. Seine Worte klangen noch eine Weile in der Stille des Raumes nach, und es war nicht einer der Männer, der nicht die Folgen dieser Mitteilung erkannt hätte: das Todesurteil für die 6. Armee!

Es war der beschlossene Untergang von mehr als 200.000 Mann! »Generaloberst Paulus«, fuhr der General fort, »wird in diesen Stunden – dessen bin ich gewiss – einen schweren inneren Kampf zu bestehen haben zwischen seiner Verantwortung für die Truppe und dem Gehorsam einem Befehl gegenüber! Wie er sich auch jetzt entscheiden mag, sein Handeln wird vor der Geschichte keine Gnade finden! Aber das zu untersuchen ist nicht unsere Aufgabe! Für uns ergibt sich die Tatsache, dass der geschlagene Korridor nur noch wenige Stunden gehalten werden kann, wenn uns nicht ein gleiches Schicksal wie der 6. Armee drohen soll!« Kirchner trat an die große Karte, die auf dem groben Holztisch lag, und erklärte: »Die Gesamtlage an der Südfront lässt keinerlei Aufschub mehr zu. Im Bereich der 4. Panzerarmee sind durch Aufklärung neue starke Feindkräfte festgestellt worden: die 2. und 51. Gardearmee mit zusammen drei mechanisierten Korps, einem Panzer-, drei Schützen-und einem Kavalleriekorps. Somit stehen unseren Kräften zwölf kampfstarke, gut ausgerüstete Divisionen gegenüber. Erschwerend kommt für uns hinzu, dass die als Flankenschutz des LVII. Panzerkorps gedachten zwei Korps der rumänischen 4. Armee sich aufgelöst haben. Der Oberbefehlshaber der 4. Panzerarmee, Generaloberst Hoth, hat deshalb in Absprache mit der ›Heeresgruppe Don‹ trotz unserer eigenen gefährdeten Lage beschlossen, die tapfere 6. Panzerdivision aus dem Bereich der Armee herauszunehmen und sie dem XXXXVIII. Panzerkorps zu unterstellen, wo die Division wichtige Aufgaben an der unteren Tschirfront übernehmen wird.

Mir ist aufgetragen, der Division im Namen des Korps und der Armee für die gezeigten Leistungen Dank und Anerkennung auszusprechen! Gleichzeitig möchte ich Herrn Oberst von Hünersdorff für die hervorragende Führung des Panzerregiments 11 die durch Funk übermittelte Verleihung des Ritterkreuzes bekanntgeben!« Der General gab dem Obersten die Hand und beglückwünschte ihn. »Anschließend wird Ihnen Ihr Divisionskommandeur die Einzelheiten des Absetzens bekanntgeben!« schloß General Kirchner seine Ausführungen. Generalmajor Raus ließ sich von Oberst Hünersdorff noch die Lage im Brückenkopf erläutern, dann gingen sie hinaus, um General Kirchner zum Wagen zu bringen. Von den Höhen klang noch immer der Gefechtslärm herunter. Noch wussten die Männer da oben nichts, noch kämpften die Grenadiere meterweise den Weg nach Stalingrad frei. Generalmajor Raus sah auf die Uhr. »11 Uhr 30!« sagte er zu Hünersdorff. »Paulus hat noch zwölfeinhalb Stunden Zeit!« Es war für die 6. Armee die letzte Gelegenheit! Paulus war nicht ausgebrochen! Er hatte dem Befehl Hitlers gehorcht, einem wahnwitzigen Befehl, und das Schicksal der 6. Armee musste sich erfüllen! Die 6. Armee ging unter! Die 4. Panzerarmee hielt vier Tage lang die hilfreiche Hand ausgestreckt, um die 6. Armee vor der Vernichtung zu retten, aber diese Hand wurde nicht angenommen.

Die 4. Panzerarmee hatte sich bis auf 48 Kilometer unter großen Opfern und Strapazen an den Kessel von Stalingrad herangekämpft. Doch der Entsatzangriff war zu spät in Gang gekommen! Wäre er, wie vorgesehen, am 3. und 4. Dezember erfolgt, hätte sein Erfolg durchschlagender sein können. Alles in allem war wohl die sich im Dezember 1942 für die gesamte Südfront abzeichnende Gefahr eine aus der Fülle von Fehlplanungen, Fehlentscheidungen, Fehleinschätzungen des Gegners und seiner Absichten sich zwangsläufig ergebende Lage, die noch verschärft wurde durch die militärischen Notwendigkeiten auf der einen Seite und Hitlers Starrsinn auf der anderen. Die deutschen Soldaten gaben ihr Bestes, aber das Schicksal war mächtiger. Die 4. Panzerarmee stand 48 Kilometer vor Stalingrad! Sie wartete auf »Wintergewitter«! Doch Feldmarschall Paulus und seine 6. Armee kamen nicht! »Jetzt werden es wohl noch 45 Kilometer sein!« meinte Obergefreiter Hirsch, als sie wieder in den mühsam erkämpften Stellungen der Russen im Hügelgelände vor Zarizinskij lagen. Sein Blick ging über das in der Dunkelheit nur schemenhaft wahrnehmbare Dorf hinüber nach Südosten. »Möglich!« gab Wahrmut zu. »Immer ein bisschen weniger. Ein Russe sagte mir mal: Man kann auch einen Elefanten essen, wenn man immer ein kleines Stück abschneidet!« »Zarizinskij ist der letzte Abschnitt vor Stalingrad, habe ich gehört!« »Das stimmt! Aber – schau uns an, wie wir aussehen! Wie lange wollen wir das noch aushalten? Allein schaffen wir den Durchbruch nie. Und die anderen kommen uns nicht entgegen! Was soll's also?«

Hirsch hielt den Blick nach Osten gerichtet und antwortete nicht, während er ab und zu in den harten Brotrest biss. Die frühe Dämmerung machte das Weiß des Schnees stumpf und dämpfte das Licht der Leuchtkugeln, die beim Gegner drüben hochgingen. Es wurde beißend kalt, und sie lagen oben auf einer Höhe, die fast blankgefegt war vom Schnee, der sich unweit in den Bodenfalten anstaute. »Morgen ist Heiliger Abend!« knurrte Wahrmut, »und wir hocken da und frieren. Hoffentlich kriegen wir wenigstens etwas Schnaps, sonst soll der Zahlmeister die Pest kriegen! Zigaretten sind auch alle!« Emsig kramte er in seinen Taschen, und als er nichts fand, steckte er sich kurzerhand die leere Pfeife zwischen die Zähne. Überrascht sah er über den Rand des Loches der Gestalt entgegen, die sich geduckt näherte. Der Mann hatte es eilig, denn er lief streckenweise, rutschte aus, fing sich wieder, rannte weiter. Dann war er heran. Wahrmut ließ die Pfeife schief herabhängen und wartete geduldig, bis der andere redete. »Befehl der Division ...«, keuchte der Melder. »Der Brückenkopf wird aufgegeben! Bis null Uhr! ... Unsere 2. Kompanie löst sich um 19 Uhr vom Feind! Sammeln in der Balka hinten vor dem Dorf!« »Hast du Tabak?« fragte Wahrmut nur. »Nichtraucher!« japste der Melder. Wahrmut winkte enttäuscht ab, und der Melder hastete weiter. »Brückenkopf aufgeben?« wiederholte Hirsch, und er war fassungslos. »Warum? ... Und die 6. Armee?« »Ich kann Nichtraucher nicht leiden!« stellte Wahrmut lakonisch fest »Meistens sind sie auch geizig; auch gegen sich selbst!

Ohne Tabak bin ich wie eine Hose ohne Träger; da fehlt irgendwie der Halt!« »Warum hauen wir denn ab?« fragte Hirsch böse. »So rede doch!« »Mensch, reg dich nicht auf!« knurrte der Unteroffizier, und er fing bei der ersten Tasche wieder an zu suchen. »Was weiß denn ich! Ist mir auch Wurscht, ob ich am Don friere oder am Ladogasee!« »Mir nicht!« schrie Hirsch. Er saß da, ließ den Kopf hängen, und Wahrmut sah seine Schultern zucken. Er weint! erkannte er erschrocken. Im Nu hatte ihn Wahrmut um die Schultern gepackt, drehte ihn herum: »Mensch, was ist denn los? So rede doch! Habe ich dich verletzt?« Hirsch schüttelte den Kopf: »Ich ... ich hatte immer gehofft, wir würden es schaffen, nach Stalingrad! Noch bevor der Melder kam, dachte ich so, und jetzt!« »Was sollen wir denn tun? Wir haben doch alles gemacht, was zu machen war! Aber deshalb ...« »Schon gut! ... Ich ... habe ... zwei Brüder bei der 6. Armee...« Wahrmut traf diese Nachricht wie ein Keulenschlag. Hilflos klopfte er dem Kameraden auf die Schultern, »... entschuldige, das ... das konnte ich natürlich nicht ahnen! – Jetzt verstehe ich dich natürlich!« Der Unteroffizier schniefte, rieb sich den Stoppelbart und machte hilflose Gesten. Dann hockte er sich stumm in eine Ecke des Erdloches und kaute an der kalten Pfeife herum. In der Nähe brüllte ein Einschlag auf.

Pünktlich um 19 Uhr des 23. Dezember lösten sich die ersten Einheiten der 6. Panzerdivision vom Feind und gaben Wassiljewka auf. Die Fahrzeuge rollten durch die Dunkelheit über die Straßen, formierten sich und nahmen in ihre schier unerschöpflichen Laderäume alles an Mannschaften und Gepäck auf, was hineinging. In langen Kolonnen, unter Flankensicherung der Panzer, zogen die Einheiten die Straße zurück, auf der sie sich vor Tagen so schwer kämpfend vorangearbeitet hatten. An den Seiten, halb unter der Schneedecke lagen die Gräber und Trümmer der vorangegangenen Kämpfe als stumme Zeugen in fast endloser Reihe und zeichneten den Weg, den sie gegangen waren. Drüben, in den Weiten der Steppe, waren die Panzerwracks zu erkennen, und manches war das Grab einer deutschen Besatzung geworden. Nun fuhren sie, die Überlebenden, daran vorbei und zurück, ungeschlagen zwar und für neue Aufgaben bestimmt, aber sie hatten Stalingrad nicht entsetzen können. Ein Befehl Hitlers hatte das Entsatzunternehmen zum Scheitern verurteilt! Um 5 Uhr am 24. Dezember hatte das letzte Fahrzeug der Division die von der 23. Panzerdivision gehaltene Riegelstellung in Linie 157,0-146,9 nach Süden überschritten. Es waren die Einheiten der Nachhut, die sich um null Uhr aus dem Brückenkopf abgesetzt hatten. Um 10 Uhr erfolgte der Übergang über die Brücke in Saliwskij, um 16 Uhr war Potemkinskaja erreicht. Der anfängliche Befehl zum Weitermarsch über den Don wurde aber aufgehoben, um den Truppen, die seit dem 11. Dezember pausenlos im Einsatz waren, einige Stunden Ruhe zu gönnen. An dieser Stelle sei das Schicksal der im Brückenkopf verbliebenen Reste der 4. Panzerarmee vorweggenommen:

Bis Ende Dezember hatte sich die bedrohliche Frontlage zwischen Woroschilowgrad und der Kalmückensteppe zu einer ernsten Krise gestaltet, die nicht nur den Verlust von Stalingrad, sondern das Schicksal der gesamten Südfront bestimmte. Dem ungeheuren Druck der Roten Armee standen nur kleine, zäh und opfervoll kämpfende deutsche Verbände gegenüber: Im Raum Millerowo die Gruppe Fretter-Pico an den Donezübergängen. Am Tschir die Armee-Abteilung Hollidt und das XXXXVIII. Panzerkorps, in deren Rücken die Russen Tatzinskaja und Morosowskaja, die Flugplätze für Stalingrad, genommen hatten. Die südlich des Don stehende 4. Panzerarmee, nur noch zwei schwache Divisionen, musste unter Feinddruck am 25. Dezember schwer ringend über die alten Ausgangsstellungen bei Kotelnikowo über den Sal zurückweichen. Durch die mangelnde Flankensicherung war sie in ständiger Gefahr der Einkesselung, bis sie Mitte Januar endlich zusammen mit der ebenfalls weichenden »Heeresgruppe A« und der starken 16. Infanteriedivision (mot.) am Manytsch eine feste Stellung beziehen konnte.

Durch das Zurückweichen der 4. Panzerarmee war es den Russen möglich geworden, bei Potemkinskaja und Zymljanskaja über den Don zu gehen und die Truppenteile am Tschir in erneute Gefahr zu bringen. Die Armee-Abteilung Hollidt sowie das XXXXVIII. Panzerkorps – zu dem jetzt auch die 6. Panzerdivision gehörte – mußten deshalb ihre Front an den Donez heranziehen. Der Donez konnte gehalten werden, bis sich durch das Versagen der ungarischen Armee südlich Woronesch Mitte Januar wieder eine gefährliche Lage ergab. Sie wurde jedoch gemeistert, und im Frühjahr 1943 hatten sich die Fronten wieder stabilisiert.

❖

Potemkinskaja, 24. Dezember 1942.

Sie wankten von den Fahrzeugen, die Glieder steif vom Frost während der langen Fahrt und den Hunger im Leib. Die erhellten Fenster der Hütten waren gelbe Vierecke in der Dunkelheit, die sich über die weite Steppe gelegt hatte. Ganz leise nur klang das Rauschen des Dons aus der Niederung herauf. Wärme! Feuer! Öfen! Das waren die Gedanken der Grenadiere und Panzermänner, der Artilleristen, Pioniere und Fahrer, als sie in die zermahlenden Straßen einbogen, und es bedurfte keiner langen Befehle, sie in die Quartiere zu rufen.

»Germanski Kamerradd!« rief ein Rumäne, an die Tür gelehnt, als Wahrmut und Hirsch darauf zustapften. »Zuviel eigenes Kamerradd hier! Nix Platz!« »Mach keine Menkenke, Mann!« murrte Wahrmut übellaunig, »sonst schneide ich dir eine Hälfte von deinem Schnauzbart ab!« Es war zweifelhaft, ob der andere das verstanden hatte, aber er wich bereitwillig aus, als der Unteroffizier den Blick in sein Gesicht bohrte. Eine Welle warmen Miefs schlug den beiden entgegen, als sie die Tür aufrissen. Im verräucherten Zwielicht lagen Rumänen hingestreckt auf der Diele, die dunklen Augen zur Tür gerichtet. Hinter Wahrmut und Hirsch drängte noch eine ganze Anzahl Landser herein. Der Unteroffizier schaffte schnell Platz für alle, und es fiel ihm gar nicht schwer, warmes Wasser zum Waschen und Rasieren zu bekommen und einen rumänischen Heizer für die Feuerwache des Ofens. Nachdem Wahrmut gegessen hatte, verschwand, er für Augenblicke nach draußen und kam mit einem Stock und Draht wieder. Er hockte sich auf die Diele und begann zu arbeiten, während ihm die Rumänen mit gereckten Hälsen zusahen. »Was du machen? Kamerradd?« fragte einer. »Eine Rumänenfalle! Wenn sie weglaufen, bleiben sie drin hängen!« »Du nix gutt reden! Wir nicht weglaufen. Aberr zu wenig Rumän und die Russkis viel Bumbum, viel Soldatt, serr viel!« Der Mann unterstrich seine Ausführungen durch heftige Gesten, und seine schwarzen Kulleraugen drehten sich nervös in den Höhlen. Dann warf er sich geschickt einen Sonnenblumenkern in den offenen Mund, knackte ihn und spuckte die Schale aus.

Wahrmut sah böse auf. Mit einem Achselzucken und beleidigtem Gesichtsausdruck bückte sich der Rumäne und hob die Schale auf. Stumm hockte er sich dann wieder hin. Schweigend sahen die anderen Wahrmut bei der Arbeit zu. Er zerteilte den Draht, bog ihn um den Stock, machte ihn mit einer Kordel daran fest, holte grünes Seidenpapier hervor – weiß der Teufel, dachte Hirsch, wie er darangekommen war – und drehte es fein säuberlich um den Stock und die Drähte. »Ein Messer!« sagte Wahrmut knapp. Mehr als zehn streckten ihm die Rumänen entgegen. Schnell schnitt er Fransen in das Papier und rippelte sie auseinander. »Fast kleines Baum!« sagte ein Rumäne lächelnd. »Das ist einer, klar?« »Hm, es ist einer!« beeilte sich der Rumäne zu versichern und klappte überrascht den Mund zu. Minuten später stellte Wahrmut seinen brennenden Lichterbaum auf seinem Kochgeschirr auf den Tisch, und mit einem Male war es Weihnachten im Raum, und alle, Deutsche und Rumänen, blickten verloren in die Kerzenflammen und dachten an die Heimat. Ein Soldat holte seine Mundharmonika hervor und spielte »Stille Nacht«, und die rauen Stimmen der Soldaten sangen mit. Dann gingen Wahrmut und Hirsch hinaus, Langsam schlenderten sie die Straße entlang. Sie sahen in allen Hütten die Männer zusammensitzen, manche sangen, andere unterhielten sich oder spielten Karten, um sich zu zerstreuen. Es war eine schöne Nacht.

Die weite, weiße Steppe lag in tiefer Stille, und darüber stand die Kuppel des Himmels, tiefviolett, mit Sternen übersät bis hin zum Horizont. Jenseits des Dons, über die sanften Höhen, schob sich der Mond herauf. Sie standen oben und sahen zum Fluss hinunter, der bedächtig dahinfloss und in dessen Wasser sich die Sterne spiegelten. An den Ufern stieg leichter Nebel hoch und verlor sich vor dem weißen Hintergrund. »Du denkst an Stalingrad!« sagte Wahrmut. »Du wirst immer daran denken müssen!« »Ja. Sie leben noch und sind doch schon tot!« Hirsch seufzte. »Und sie werden nicht leicht zu sterben haben!« Wahrmut nickte: »Ich hatte auch einen Bruder ... Wir lagen vor Moskau, einundvierzig! Er war bei der Nachbareinheit! ... Einmal machten wir einen Spähtrupp, auf dem Rückweg hatten wir uns verlaufen, kamen in den Nachbarabschnitt, in eine Stellung: dort war überraschend der Russe eingebrochen! – Die Stellung war verlassen, nur Tote lagen umher. Es musste furchtbar gekämpft worden sein! ...« Wahrmut schwieg und suchte sich einen winzigen Stern in der Ferne. Hirsch schwieg auch, denn er ahnte, was jetzt kam ... »... einer der Toten war mein Bruder!« sagte Wahrmut. Sie gingen vom Fluss weg zum Dorf zurück und sahen beide zugleich in den Himmel, unter dem das laute Brummen von Flugzeugen an- und abschwoll. »Transporter für Stalingrad!« sagte Wahrmut. »Komm, gehen wir!« In der Hütte herrschte frohe Stimmung. Marketenderware war ausgegeben worden. Auch die Rumänen hatten von den Landsern etwas abbekommen, und nun lachten und schwatzten sie wild durcheinander.

Wahrmut lag der Länge nach auf dem Rücken, rauchte und sah zu. Er hatte nichts gehört. Auch Hirsch nicht und die anderen auch nicht, zu laut war der Lärm, zu feurig das Stampfen der Männerbeine. Es war nur ein einziger Schlag, der Schlag eines Riesenhammers! Er traf die Erde mit Wucht, hob sie im Umkreis aus, verschleuderte die Brocken weit in die Steppe und hinein in den Don, dass er aufspritzte. Die Hütte wurde hinweggefegt, die Lehmmauern zerbarsten und streckten die mageren Sparren gegen den Himmel. Der aufzuckende Feuerblitz verging im Rauch, der in dicken Wolken aufstieg. In wenigen Metern Höhe riss der sowjetische Pilot den Steuerknüppel gegen den Bauch, zog die Maschine aufwärts gegen die Sterne. Das eintönige Tuckern verlor sich langsam in der Nacht. Aus dem Geröll und Gewirr von Balken, Lehm und Dreck krochen einige Gestalten hervor, rissen sich die Hände blutig, rutschten über den Schnee ins Freie, die kalte Luft gierig aufsaugend. Von den anderen Hütten kamen sie angelaufen, griffen zu, wühlten in den Trümmern, holten noch einige Männer hervor, die verschüttet gewesen waren. »Die verdammte ›Rollbahnkrähe‹!« sagte einer. Er meinte damit die einfachen sowjetischen Flugzeuge, die beständig in den klaren Nächten in der Luft waren und irgendwohin ihre Bomben fallen ließen. »Mensch!« sagte Unteroffizier Wahrmut, als er den Schrecken überwunden hatte, »dass wir heil sind, ist ein richtiges Weihnachtswunder!« Der Obergefreite Hirsch klopfte sich den Staub aus der Uniform und lächelte nur. Etwas abseits stand ein Rumäne, den kleinen Weihnachtsbaum betrachtend, den er im Schutt gefunden hatte.

ENDE